처음 배우는 제주 4·3사건과 평화

일러두기
* 이 책에 나오는 '다크 투어'는 다크 투어리즘(Dark Tourism)의 줄임말로, 제주 4·3사건의 역사 유적지를 소개하는 코너입니다. 다크 투어리즘은 재난 현장이나 참사 현장 등 역사적인 비극의 현장을 방문하는 여행을 의미하는데, 국립국어원에서는 '역사 교훈 여행'이라는 순화어로 사용할 것을 권장하고 있습니다.
* 이 책에 사용한 사진은 저작권자의 허가를 받고 게재한 것입니다. 저자가 직접 촬영한 사진은 출처 표시를 하지 않았습니다.
* 허가를 받지 못한 일부 사진에 대해서는 저작권자가 확인되는 대로 게재 허가를 받고 사용료를 지불하겠습니다.

한 뼘 더 역사 04

처음 배우는
제주
4·3사건과
평화

글·그림 박세영

북멘토

 **머리말**

진실은 언젠가 드러난다

'진실은 언젠가 드러난다.'는 말이 있어요. 그 말처럼, 오랫동안 묻혀 있던 제주 4·3사건의 진실도 세상에 그 모습을 드러냈어요. 아름다운 섬, 제주에서 해방 후 몇 년 동안 무려 3만여 명에 달하는 사람들이 목숨을 잃었다는 사실이지요. 그 무렵 제주도의 인구가 약 30만 명이었다고 하니 가족과 친척 중 하나가 목숨을 잃었다는 뜻이에요.

이 말을 듣고 나면 자연스레 '제주도에서 도대체 무슨 일이 일어났던 걸까?' 하는 궁금증이 생길 거예요. 그럴 때 이 책을 펼쳐 '이야기로 읽는 생생 역사' 꼭지를 먼저 읽어 보세요. 여기에 소개된 이야기는 당시 제주도에서 실제로 일어났던 일을 바탕으로 작가의 상상력을 덧붙인 이야기예요. 3·1절 기념 대회 행사에 갔다가 경찰이 시민에게 총을 쏘는 광경을 보게 된 영도와 민석이, 무장대가 된 오빠가 무사히 돌아오길 빌던 신아, 무장대와 경찰 사이에

서 이러지도 저러지도 못해 고통받던 민규네 가족, 토벌대의 총격에 엄마를 잃은 아리, 군인들에게 끌려가는 아빠의 뒷모습을 보며 아무것도 할 수 없던 진혜. 이 다섯 편의 이야기를 읽다 보면 제주 4·3사건이 어떻게 일어났는지 알 수 있을 거예요.

또 어떤 친구들은 제주 4·3사건의 역사적 배경이 궁금해질지도 몰라요. 그럴 때는 '역사 상식 나누기' 꼭지를 읽으면서 함께 질문하고 스스로 답을 찾아보세요. 제주도를 직접 방문할 기회가 생긴다면, 우리의 주인공 남달리가 소개하는 장소를 따라 '다크 투어'를 떠나 보세요. 역사를 한 뼘 더 가깝게 이해하는 데 큰 도움이 될 거예요.

제주 4·3의 진실이 드러나기까지 참 많은 사람의 용기가 필요했어요. 이 책을 읽으면서, 우리 역사 속 한 사람 한 사람의 목숨이 얼마나 소중한지, 또한 이 땅에 왜 반드시 평화와 인권이 필요한지 깨닫게 되기를 바랍니다.

박세영

차례

머리말 진실은 언젠가 드러난다 • 4

1장 제주 4·3사건의 시작

8·15 해방 후, 한반도의 상황 • 12
해방 후, 제주도민의 삶 • 15

이야기로 읽는 생생 역사	피로 물든 관덕정 • 18
역사 상식 나누기	왜 총파업을 일으켰을까? • 28
남달리의 역사 수첩	독특한 공동체 궨당 문화 • 32
제주 4·3사건 다크 투어	관덕정 • 34

2장 경찰의 탄압과 무장봉기

미군정과 경찰의 본격적인 탄압 • 38
1948년 4월 3일, 무장봉기의 시작 • 40

이야기로 읽는 생생 역사	신호탄이 된 봉화 • 42
역사 상식 나누기	미군정은 어떻게 대응했을까? • 52
남달리의 역사 수첩	우익 청년 단체 서북 청년회 • 58
제주 4·3사건 다크 투어	섯알오름 • 60
만화로 보는 4·3 현장	오라리 마을의 비극 • 62

3장 5·10 총선거 거부

선거 찬성과 반대 진영의 대립 • 68
선거 반대에 대한 강경한 진압 • 70

이야기로 읽는 생생 역사	산에 오른 사람들 • 72
역사 상식 나누기	왜 단독 선거를 거부했을까? • 80
남달리의 역사 수첩	큰 인명 피해를 낳은 백지 날인 사건 • 84
제주 4·3사건 다크 투어	관음사와 한라산 • 86

4장 상처받은 섬, 제주

인권을 짓밟은 무시무시한 포고령 • 90
중산간 마을을 휩쓴 초토화 작전 • 92

이야기로 읽는 생생 역사	파괴된 마을 공동체 • 94
역사 상식 나누기	왜 이렇게 많은 사람이 희생됐을까? • 104
남달리의 역사 수첩	양심을 지킨 문형순 경찰서장 • 110
제주 4·3사건 다크 투어	잃어버린 마을 • 112
만화로 보는 4·3 현장	무명천 할머니 • 114

5장 끝나지 않은 아픔

토벌대의 멈추지 않는 탄압 • 120
마지막 토벌과 와해된 무장대 • 122

이야기로 읽는 생생 역사	주정 공장에 갇힌 사람들 • 124
역사 상식 나누기	그 후에는 무슨 일이 있었을까? • 132
남달리의 역사 수첩	억울함을 벗은 무죄, 무죄, 무죄 • 136
제주 4·3사건 다크 투어	4·3평화 공원 • 138

찾아보기 • 141
사진 출처, 제주 4·3사건 다크 투어 주소 • 143

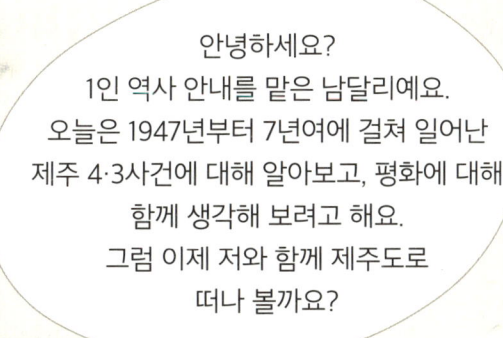

8·15 해방 후, 한반도의 상황

독립을 위해 함께 싸웠던 민족 지도자들은 해방 후 새로운 나라를 어떻게 만들 것인지를 두고 의견이 갈렸어요. 특히 친일파 처벌과 토지 개혁을 두고 갈등을 빚었지요.

어떤 사람들은 토지나 자본 같은 생산 수단을 공동으로 소유하고, 노동의 대가를 모든 사람이 평등하게 나눠 갖는 나라를 만들자고 했어요. 이런 사상을 사회주의, 이런 주장을 하는 사람들을 좌익이라 불러요.

평등한 세상을 만들기 위해 지주들에게 무상으로 토지를 받아 농민들에게 무상으로 나누어 줍시다!

친일파는 전부 강력히 처벌해야 합니다!

반면 토지와 자본을 개인이 자유롭게 소유하고 능력에 따라 경쟁해야 나라가 발전할 수 있다고 주장하는 사람들도 있어요. 이런 사상을 자본주의, 이런 주장을 하는 사람들을 우익이라고 해요.

평등 못지않게 사유 재산도 중요합니다. 지주들의 땅을 빼앗는 것은 옳지 못합니다. 정부가 돈을 주고 땅을 사서 농민들에게 팝시다.

친일파 중에도 능력이 뛰어난 사람들이 있습니다. 새 국가를 건설하는 데 도움이 될 사람들은 용서해 줍시다!

물론 좌익과 우익이 조금씩 양보하고, 서로 힘을 합쳐야 한다고 주장한 사람들도 있었지요.

하지만 상황은 점점 우리 민족의 바람과 다른 방향으로 흘러갔어요. 미군과 소련군이 북위 38도선을 경계로 한반도를 둘로 나눠 점령했기 때문이에요.

제2차 세계 대전에서 연합국에 패배한 일본이 한반도에서 물러났고 우리 민족은 광복을 맞이했어요. 사람들은 한반도에 해방을 안긴 미군과 소련(유라시아 북부에 있었던 연방 공화국으로 지금의 러시아와 주변 국가)군을 환영했지요.

미국과 소련에게 한반도는 각자의 세력이 커지지 않도록 막아야 하는 곳일 뿐이었어요.

미국은 김구가 이끌던 충칭 대한민국 임시 정부도 인정하지 않았어요. 그러고는 미군이 직접 남한을 점령해 다스리는 군사 정부인 '미군정'을 세웠지요.

내가 바로, 존 리드 하지 미군정 사령관!

조선 총독부 건물

미국 국기인 성조기가 올라가는 모습

모스크바 3국 외상 회의

한편 1945년 12월, 한반도 문제를 논의하기 위해 미국·영국·소련 3국의 지도자가 모스크바에 모였어요. 우리나라는 일본의 항복을 받아 낸 승전국이 아니었기 때문에 회의에 참여할 자격도 없었지요. 이때 결정된 내용은 다음과 같아요.

ㄱ. 먼저 미·소 공동 위원회를 열어 한반도에 민주주의 임시 정부를 세운다.
ㄴ. 이렇게 세워진 임시 정부가 미·영·소·중 4국의 감독을 받으며 5년 동안 통치한다.
　(이를 신탁 통치라고 해요.)
ㄷ. 그 후 총선거를 해 한반도에 독립 정부를 세운다.

이제 막 해방을 맞은 우리 민족은 신탁 통치가 또 다시 강대국의 지배를 받는 것과 다름없다고 생각했어요. 당연히 전국에서 반대 운동이 불같이 일어났지요. 그런데 어느 순간, 좌익 정당이 입장을 바꾸었어요. 3국 외상 회의에서 결정된 사항을 국제적 합의로 받아들여야지만 우리 민족에게 기회가 올 것이라고 판단한 것이에요.

모스크바 3국 외상 회의의 결정을 존중해 먼저 임시 정부를 세우면, 그다음에 우리 민족이 스스로 다스리는 나라를 건설할 수 있습니다.

그러자 온 나라가 신탁 통치 반대파와 찬성파로 나뉘어 격렬하게 대립했어요. 결국 좌익과 우익의 극심한 갈등과 미국과 소련의 의견 대립으로 미·소 공동 위원회가 결렬되었고, 이후 남과 북에 각각의 정부가 들어서고 말았지요.

해방 후, 제주도민의 삶

그 무렵 제주도에는 독립운동을 했던 지도자들과 마을에서 존경받는 원로들이 인민 위원회를 만들어 도민들을 이끌고 있었어요.

드디어 독립!

평화가 찾아올까냥?

그러는 사이 일제 강점기 때 전쟁터에, 홋카이도 같은 탄광 지대에 강제로 끌려갔던 청년들이 하나둘씩 고향으로 돌아왔어요.

저기 제주도가 보여!

이제 가족을 만날 수 있어!

제주도 인민 위원회는 야학과 학교를 설립하는 등 교육 사업에 힘을 쏟았어요. 도민들은 함께 잘사는 제주를 만들겠다는 꿈에 부풀었지요.

맞습니다.

우리도 배워야 잘살 수 있습니다.

마을마다 학교를 세웁시다.

하지만 제주도에 들어온 미군정은 거듭 정치를 잘못했어요.
일제 강점기 때 독립운동가들을 고문했던
친일 경찰들을 도로 불러들인 거예요.

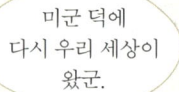
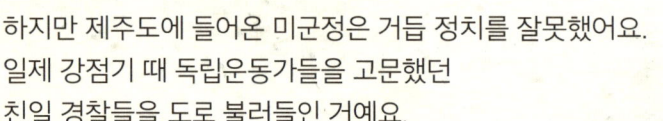

미군정에 반대하는 세력을 손쉽게 제압하는 데
친일 경찰만큼 효율적인 도구는 없다고 생각한 것이지요.

또 큰 흉년이 닥쳐 많은 사람이 굶주리는데도 주식인 보리를
헐값에 정부에 팔게 하는 '보리 공출'을 실시했어요.

엎친 데 덮친 격으로 전염병까지 퍼져 제주에서는
360여 명이 목숨을 잃었어요. 도민들의 마음은 점점
미군정에서 멀어져 갔지요.

1940년대 후반 제주도민의 삶

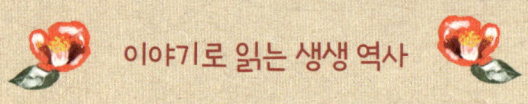

이야기로 읽는 생생 역사
피로 물든 관덕정

1947년 3월 1일을 앞두고 제주도는 3·1절 기념 대회를 준비하는 사람들로 들썩였어요. 미군정은 많은 사람들이 폭동이라도 일으킬까 봐 육지에서 100여 명의 응원 경찰들을 불렀어요. 응원 경찰이란, 제주 경찰을 돕기 위해 파견된 육지 경찰을 말해요. 이것이 비극의 시작이 될 줄 그때는 아무도 몰랐지요.

"야! 여태 준비 안 하고 뭐 했냐? 빨리 나와!"

"기다려! 네 것까지 만드느라 그랬어!"

영도가 나뭇가지에 종이를 붙여 만든 태극기 두 개를 손에 들고 허둥지둥 밖으로 나왔어요. 둘은 누가 먼저랄 것도 없이 북국민학교를 향해 뛰기 시작했지요.

오늘은 북국민학교에서 28주년 3·1절 기념 대회가 열리는 날이에요. 이 기념 대회는 제주도 '민주주의 민족 전선(민전)'이 앞장서고, 제주 사람들이 함께 준비한 행사였지요. 민전은 제주도 인민 위원회와 청년 단체, 농민 단체들이 평등하고 잘사는 제주를 만들기 위해 설립한 단체예요.

학교 앞은 교복을 입은 형, 누나부터 나이 많은 어르신까지 셀 수 없을 만큼 많은 사람으로 북적였어요. 까치발을 들고 담장 안을 들여다보던 민석이가 투덜댔어요.

"거봐, 너 때문에 늦어서 운동장에 들어가지도 못하잖아."

"미안, 사람들이 이렇게 많이 올 줄은 정말 몰랐어."

영도가 멋쩍은 표정을 지으며 머리를 긁적였어요. 그때였어요.

"부영도! 괜히 비집고 들어가려다 넘어지지 말고, 여기서 구경이나 해."

귀에 익은 목소리에 놀라서 돌아보니 재작년에 시집간 사촌 누나가 영도를 보며 웃고 있었어요. 이제 막 돌 지난 갓난아기까지 업고서요.

"누나야말로 이렇게 사람들이 많은데 애기까지 데리고 왔어?"

"이 년 전에 진지동굴 공사에 끌려갔다 다친 울 아버지, 억울하게 해방도 못 보고 돌아가셨잖아. 집 근처에서 3·1절 행사를 하는데 어떻게 가만히 있니? 우리 아기랑 아버지 몫까지 만세 부르다 갈 거니까 누나 걱정일랑 말아."

이 년 전, 일본군은 미국과 최후 결전을 벌인다며 제주도 전체를 군사 기지로 만들었어요. 알뜨르 비행장에는 비행기를 숨길 격납고를 만들고, 해안가 곳곳에는 군함을 감춰 둘 굴을 팠지요. 일본군은 도민들을 위협해 위험하고 힘든 공사를 억지로 시켰어요.

영도는 커다란 말을 탄 일본 순사들이 몰려와 동네 어른들을 마구 끌고 갔던 기억이 떠올랐어요. 순간 온몸에 소름이 쭉 돋았지요.

그때 지지직, 마이크 소리가 나더니 3·1절 기념 대회를 시작한다는 안내 방송이 흘러나왔어요. 곧이어 마이크를 잡은 남자가 목소리를 가다듬으며 말했지요.

"아, 아. 여러분! 해방 후 두 번째 맞는 뜻깊은 3·1절 기념 대회를 미군이 막으려고 했습니다. 자기들에게 반대하는 시위는 안 된다면서요. 육지에서 온 응원 경찰들이 떼로 돌아다니는데도 이렇게 많은 분이 한자리에 모인 걸 보니 가슴이 벅찹니다."

여기저기서 우렁찬 박수가 터져 나왔어요.

"우리 민족에게는 일제의 탄압에도 굴하지 않았던 3·1 혁명 정신이 있습니다! 외세를 물리치고, 우리 손으로 통일 민주 국가를 세웁시다!"

"만세!"

모여 있던 사람들이 준비한 플래카드를 힘차게 흔들며 환호했어요. 플래카드에는 '미군정은 물러가라', '보리 공출 중단하라' 같은 구호가 적혀 있었어요. 영도와 민석이는 그게 무슨 뜻인지도 모르면서 사람들 틈바구니에서 열심히 태극기를 흔들었지요.

행사가 끝나갈 무렵, 머리에 띠를 두르고 어깨동무를 한 형들이 '왓샤왓샤' 하면서 학교 밖으로 뛰어나갔어요. 왓샤는 거센 바람 때문에 긴 구호가 잘 들리지 않자 제주 사람들이 만든 구호예요.

학생들이 빠져나간 뒤 사람들은 자연스럽게 두 무리로 나뉘어 거리 행진을 시작했어요. 영도와 민석이도 서문통(옛 제주읍의 길)으로 가는 시위대 꽁무니에 붙었지요. 걸어가는 동안 영도는 틈틈이 주변을 두리번거렸어요. 하지만 사촌 누나는 그새 집으로 돌아갔는지 보이지 않았지요.

멀리 관덕정이 보일 때쯤, 저승사자처럼 까만 제복에 말을 탄 기마 경찰들이 나타났어요.

"어휴, 깜짝이야. 일본 순사인 줄 알았네."

영도가 가슴을 쓸어내리며 누가 들을세라 작은 목소리로 말했어요.

"바보! 해방된 지 이 년이나 됐는데 무슨 순사 타령이냐?"

민석이가 영도 속도 모르고 핀잔을 주었어요. 하지만 영도는 자기 키보다 머리 하나는 더 큰 말이 바로 옆을 지나가자 덜컥 겁이 나 몸을 옹송그리며 길옆으로 물러났지요.

바로 그때, 모자 가게 앞에 서 있던 어린아이 하나가 영도 앞으로 튀어나왔어요. 영도가 채 붙잡을 새도 없이 말이에요. 기마 경찰은 아이를 보지 못했는지 그대로 아이를 치고 지나가 버렸어요. 말발굽에 챈 아이는 중심을 잃고 도랑에 빠지고 말았지요.

"헉! 어린아이가 말에 치였어요!"

영도가 외치는 소리를 듣고 주변에서 구경하던 어른들이 달려와 아이를 꺼내 주었어요. 이 광경을 본 사람들은 무척 화가 났지요.

"아니, 아이를 쳤으면 다치진 않았는지 살펴보는 게 사람의 도리지, 어딜 내빼?"

"그러니까요. 육지에서 온 경찰이라고 이리 행패를 부려도 된답

니까?"

 흥분한 사람들은 너 나 할 것 없이 기마 경찰의 뒤를 쫓아갔어요.

 "저기, 저 앞에 도망가는 경찰 잡아라!"

 사람들 기세에 놀란 기마 경찰은 도움이 필요했는지 제1구 경찰서 방향으로 허겁지겁 말을 몰았어요. 도민들이 재빨리 뒤를 쫓았지만, 달리는 말을 따라잡을 수가 없었지요. 그래서 몇몇은 손에 잡히는 대로 돌멩이를 집어 경찰에게 던졌어요.

바로 그때 갑자기 탕, 하고 귀를 찢을 듯한 커다란 소리가 터져 나왔어요.

"사, 사람이 총에 맞았어요! 다들 피해요!"

피 흘리며 바닥에 쓰러진 사람들, 비명을 지르며 도망가는 사람들로 관덕정 앞은 순식간에 아수라장이 되었어요. 영도와 민석이는 영문도 모른 채 무작정 경찰서 반대 방향으로 뛰었지요.

탕! 탕! 탕!

또다시 총소리가 요란하게 울렸어요. 그 순간 앞에서 갓난아기를 안고 뛰어가던 여자가 픽 하고 쓰러졌어요. 깜짝 놀란 영도가 소리치며 달려갔지요.

"누나!"

사촌 누나는 종아리에서 피가 나는데도 아기를 꼭 끌어안고 있었어요.

"아, 영도구나. 다치진 않았어?"

"다친 건 누나잖아! 아기 이리 줘. 얼른 도망쳐야 해."

"고맙다. 다행히 총알이 다리를 스치고 지나간 것 같아. 나 좀 일으켜 줄래?"

영도는 얼른 민석이에게 아기를 건네고 사촌 누나를 부축했어요. 하지만 다리를 다친 누나와 갓난아기를 데리고 멀리 도망치긴

힘들었지요. 세 사람은 길 건너편에 있는 건물 사이 좁은 골목에 몸을 숨겼어요. 그렇게 어둠 속에서 숨죽이고 기다리는 동안 총소리가 조금씩 잦아들었지요.

"누나, 총소리가 멎은 걸 보니 이제 경찰들이 돌아갔나 봐요."

민석이 말에 영도와 누나는 동시에 바닥에 털썩 주저앉았어요.

"아니, 우리가 뭘 잘못했다고 총을 쏴? 그냥 태극기 흔들고 행진한 일밖에 없잖아."

칭얼거리는 아기를 달래며 누나가 한숨을 쉬었어요. 방금 일어난 일이 믿기지 않는 건 영도와 민석이도 마찬가지였어요.

"돌멩이 좀 던졌다고 총을 쏘다니. 총에 맞은 사람들은 다 죽었을까? 바닥에 쓰러진 사람 중에 교복 입은 형들도 있던데……."

민석이가 말을 채 잇지 못하고 고개를 떨궜어요. 컴컴한 골목보다 짙은 어둠이 어느새 영도의 마음속에 길게 드리웠지요.

왜 총파업을 일으켰을까?

기마 경찰의 뺑소니 사건과 경찰의 발포

1948년, 제주 기마 경찰의 모습

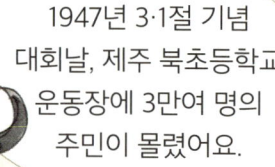
1947년 3·1절 기념 대회날, 제주 북초등학교 운동장에 3만여 명의 주민이 몰렸어요.

 왜 이렇게 많은 사람들이 모였어요?

 미국과 소련의 갈등과 한반도 내부 분열로 통일 정부가 들어서는 길은 더 멀어졌어요. 그래서 제주도민들은 '민주주의 민족 전선'을 중심으로 3·1절 기념 대회를 열어 삼일 운동의 정신을 되살리고, 통일 정부를 세우고자 염원했지요.

 민주주의 민족 전선은 무슨 단체예요?

 모두가 평등하게 잘사는 나라를 세우자는 뜻으로 인민 위원회와 청년 단체, 부녀 단체, 농민 단체들이 새롭게 만든 단체였어요. 민주주의 민족 전선을 이끌었던 지도자들 대부분 독립운동가 출신이거나 마을에서 존경받는 원로였지요.

 그런데 경찰은 왜 어린아이를 치고 그냥 가 버렸을까요? 얼른 사과했다면 이런 끔찍한 일은 벌어지지 않았을 텐데요.

 큰 사고를 일으켜 놓고 사과 한마디 없이 모른 척했으니 제주도민들이 분노할 수밖에 없었어요.

 거기다 주민들에게 총까지 쏜 걸 보면 경찰에게 제주도민들은 지켜야 할 존재가 아니라 통제해야 하는 대상이었던 것 같아요.

무기도 없는 시민들에게 총을 쏜 것은 분명 경찰의 잘못이었어요.

제주도민의 항의와 총파업

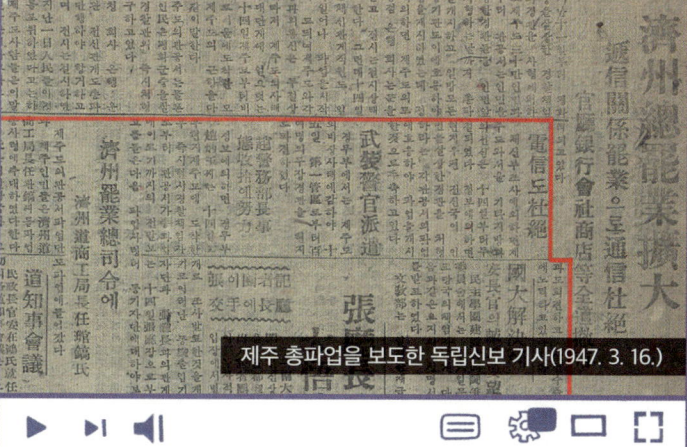

제주 총파업을 보도한 독립신보 기사(1947. 3. 16.)

 죽은 사람 중에는 열다섯 살밖에 안 된 학생도 있었대요.

 더군다나 총을 쏜 경찰들이 육지에서 온 응원 경찰이었다니, 도민들의 반발이 더 심했을 것 같아요.

 하지만 경찰은 시위대가 몰려와 경찰서를 습격하려고 해서 총을 쏜 것이라며, 사과하기는커녕 도리어 3·1절 기념 대회를 주도했던 사람들을 잡아갔어요. 그러자 학생들은 잘못을 인정하지 않는 경찰에 항의하는 뜻으로 동맹을 맺고 학교에 가지 않았지요.

 어른들이 총파업을 일으킨 일도 같은 이유 때문인 거예요?

 맞아요. 3월 10일, 제주도청을 시작으로 관공서, 운수 회사, 금융 기관 등이 모두 문을 닫았어요. 중문 파출소에서는 경찰관 여섯 명이 사표를 냈지요. 시민과 관청, 경찰까지 모두 힘을 합친 총파업이었대요.

 와, 도민들이 정말 똘똘 뭉쳤네요!

 그렇지요? 이들은 주민에게 총을 쏘라고 지시한 경찰 책임자를 처벌하고, 죄 없는 사람들을 잡아가 고문하지 말라고 요구했어요.

레드 아일랜드라 불린 섬

4·3 평화 기념관 영상 설치 작품 〈레드 아일랜드〉_문경원 작

미군정은 제주도를 공산주의자가 우글거리는 '레드 아일랜드(붉은 섬)'로 낙인찍어 버렸어요.

 경찰은 총파업을 일으킨 도민들을, 공산주의자를 낮춰 부르는 말인 빨갱이로 몰아세웠어요. 3·1절 기념 대회 사건 이후 미군정은 보고서에, 제주 사람 70퍼센트가 좌익 세력이라고 기록했지요. 하지만 최근의 연구 결과 그것은 잘못된 주장이라는 것이 밝혀졌어요.

공산주의자가 뭐예요?

공산주의는 혁명을 통해 모든 사람이 평등하게 사는 세상을 만들어야 한다는 급진적인 사상이에요. 이런 사상을 내세운 대표적인 나라가 소련이지요.

제주도민들의 총파업은 어떻게 마무리 되었어요?

파업은 약 열흘 만에 끝났어요. 경찰은 3·1절 기념 대회 사건과 총파업을 모두 '폭동'으로 규정하고 파업에 참여한 사람들을 마구잡이로 잡아들였지요.

이때 파업에 참여한 경찰 66명도 파면되었대요.

거기다 더 많은 육지 경찰을 제주도로 불렀다니, 또 무슨 일이 벌어질지 불안해요.

반공 단체 서북 청년회의 등장

서북 청년회

> 박경훈 제주 도지사는 총파업에 대한 책임을 지고 자리에서 물러났어요.

 그런데 새로 온 제주 도지사 유해진이 파업에 참여한 교사들을 모두 내쫓았다는 게 사실이에요?

 그러고 나서 제주 사정을 전혀 모르는 이북 출신 교사들을 데리고 왔대요.

 그게 끝이 아니에요. 새로 부임한 도지사 유해진은 응원 경찰도 모자라 극우 반공 단체인 '서북 청년회'를 제주도로 끌어왔어요.

 서북 청년회는 무슨 단체예요?

 서북 청년회는 한반도에서 좌익과 우익의 갈등이 심하던 1946년에 조직된 반공 단체예요. 소련과 김일성에 반대하는 청년들이 중심이 되어 만들어졌기 때문에 공산주의자들을 무척 싫어했어요. 서북 청년회는 제주도민 대부분이 좌익 세력이라 믿었기 때문에 마구 폭력을 휘둘렀어요. 그리고 제주의 풍습과 방언을 이해하지 못해서 도민들과 큰 갈등을 빚었다고 해요.

 어휴, 제주도민과 정부 사이에 넘을 수 없는 커다란 벽이 생겨난 것 같아요.

남달리의 역사 수첩

독특한 공동체
궨당 문화

'궨당'이란 말을 들어 본 적 있나요? 궨당은 친척이라는 뜻의 제주 방언인 '권당'에서 온 말이에요. '궨당 문화'라 불리는 제주의 독특한 공동체 문화에 대해 알아볼까요?

제주도는 육지에서 멀리 떨어져 오랜 시간 고립되어 있었어요. 그래서 제주도만의 고유한 말과 독창적인 문화가 만들어졌지요.

제주 사람들은 육지에서 거둬가는 각종 세금에 시달렸고, 척박한 자연환경 때문에 힘들게 살았어요. 그래서 육지처럼 많은 땅을 소유한 지주도 없고, 노동자를 부리는 자본가도 없었지요.

그런 만큼 서로 도우며 살아야 한다는 생각이 강했어요. 제주에서는 혈연관계가 아니더라도 웃어른을 모두 삼촌, 아랫사람을 조카라고 부른답니다. 실제로 한 다리 건너면 친척 관계인 경우도 많아요.

이런 공동체 의식 덕분에 만들어진 것이 바로 제주의 '궨당 문화'예요. 3·1절 기념대회 때 목숨을 잃은 사람의 유족들을 위해 성금을 모으고, 너 나 할 것없이 한마음으로 파업에 참여한 것도 제주 사람들에게는 자연스러운 일이었지요.

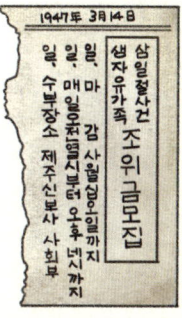

오늘날에도 궨당 문화는 여전히 살아 있어요. 고난받을수록 똘똘 뭉쳐 위기를 극복하려 했던 궨당 문화를 알고 나면 제주를 좀 더 잘 이해할 수 있을 거예요.

제주 4·3사건
다크 투어

관덕정

제주 관덕정은 제주목 관아의 부속 건물로 세종 30년인 1448년, 제주 목사(조선 시대에 지방의 목을 다스리던 정삼품 문관)가 병사들을 훈련하기 위해 지었다고 해요. 이곳은 활쏘기 대회가 열릴 때 높은 관리들이 구경하던 곳이라 사방이 탁 트여 있어요. 관덕정이란 이름도 활쏘기와 관련된 옛글에서 유래한 것이랍니다.

이후 관덕정은 오랫동안 제주도민들의 광장 역할을 했어요. 큰 행사와 기념식은 대부분 이곳에서 열렸거든요. 그러니 1947년 3·1절 기념 대회 행사를 마친 제주도민들이 관덕정으로 행진한 것은 당연한 일이었어요. 안타깝게도 경찰이 총을 쏘는 바람에 비극의 현장이 되고 말았지요.

관덕정에 가면 앞마당에 가만히 서서 옛사람들을 꼭 떠올려 보세요. 이곳에 모여 역사의 한 장면을 활기차게 만들어 가던 그들의 모습이 어느덧 머릿속에 그려질 거예요.

> 다크 투어는 비극적 사건이나 재난이 일어났던 역사의 현장을 방문하고 교훈을 얻는 여행을 말해요.

1949년 경의 관덕정

2021년의 관덕정

미군정과 경찰의 본격적인 탄압

제주도에 새로 부임한
도지사 유해진

미군정은 3·1절 기념 대회 사건을 처리하면서 제주 도지사를 극우 성향 인물인 유해진으로 교체했어요.

그러고는 3·1절 기념 대회 참가자와 총파업에 참여한 사람들을 대대적으로 체포했어요. 또한 새로 부임한 도지사 유해진이 불러들인 육지 경찰과 서북 청년회가 제주도민들을 다짜고짜 잡아가고 재물을 약탈하는 등 횡포를 부리자 제주 민심은 더욱 흉흉해졌지요. 이들의 무자비한 만행으로 제주도민 대다수가 경찰과 미군정에 반감을 갖게 되었어요.

그러던 1948년 3월, 조천 파출소와 모슬포 파출소에 잡혀갔던 청년 두 명이 고문을 받다가 잇따라 목숨을 잃는 사건이 발생했어요.

얼마 지나지 않아 한림면 금릉리에서 한 청년이 서북 청년회 단원에게 총에 맞아 죽는 일도 일어났지요.

참다못한 청년들은 제주 조천읍 신촌리에 모였어요. 좌익 정당인 남조선 노동당 제주도당을 중심으로 뭉친 그들은 무기를 들고 경찰의 탄압에 맞서 싸우기로 했지요.

1948년 4월 3일, 무장봉기의 시작

1948년 4월 3일 새벽 두 시, 한라산 오름마다 봉화가 붉게 타올랐어요.

봉홧불이야!

와아! 더 이상 못참아! 본때를 보여주자!

봉화를 신호로 청년 350여 명이 무기를 들고, 파출소 열두 곳과 우익 단체 단원의 집을 습격했어요. 이렇게 무기를 들고 봉기한 사람들을 '무장대'라고 해요.

무장대는 4월 3일, 행동을 개시하면서 호소문을 뿌렸어요.

> 친애하는 경찰관들이여!
> 탄압이면 항쟁이다.
> 제주도 유격대는 인민들을
> 수호하며 동시에 인민과 같이
> 서고 있다.

무장대는 호소문에서 자신들이 경찰과 서북 청년회의 탄압 때문에 싸우는 것임을 분명히 밝혔어요. 또한 제주도민을 탄압하는 미군정에 맞서 싸우고, 완전한 통일 정부를 세우는 일에 함께 해 달라고 도민들에게 호소했지요.

그들은 남한만의 단독 선거, 단독 정부 수립에 반대하며 투쟁을 이어 갔어요.

하지만 이러한 행동은 미국에 우호적인 단독 정부를 남한에 세우려는 미군정의 바람과 정면으로 부딪히는 것이라 더 큰 충돌을 일으키고 말았답니다.

선거를 방해하는 세력은 전부 다 잡아들여!

존 리드 하지 미군정 사령관

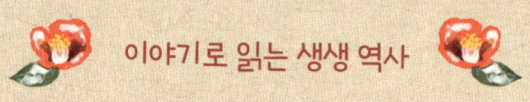

신호탄이 된 봉화

1948년 봄. 제주에는 날이 밝으면 "어제는 아무개가 어디서 끌려갔다"라는 소문이 돌았어요. 하지만 이렇게 흉흉한 분위기 속에서도 탄압에 저항하려는 청년들이 있었지요.

부아아앙!

요란한 스리쿼터(짐을 싣는 자동차) 소리가 멈춘 지 일 분도 안 되어 경찰 두 명이 집 안으로 들이닥쳤어요.

"이 집 아들이 조천중학원(조천중학교) 선생, 현정한 맞지? 당장 나와!"

그 소리에 놀란 엄마가 부엌문을 열고 뛰어나왔어요.

"우리 아들은 남편 따라 돈 벌러 일본 간 지 일주일이 넘었어요."

"이 아줌마가 어디서 거짓말이야? 제주에서 선생질하는 것들은 열이면 아홉이 빨갱인 거 몰라?"

옆에 서 있던 경찰이 신아 머리통만큼 큰 주먹을 위로 치켜들었어요. 금방이라도 엄마 얼굴을 한 대 칠 것처럼요. 부엌 문틈으로 지켜보던 신아가 더는 참지 못하고 밖으로 뛰쳐나왔어요.

"아니에요! 우리 오빠 빨갱이 아니라고요!"

신아는 빨갱이가 뭔지도 몰랐지만, 무조건 아니라고 소리를 꽥 질렀어요.

큰 주먹 경찰이 귀찮다는 듯 신아 손목을 잡더니 휙 던져 버렸어요. 신아는 쿵 소리를 내며 마당에 나동그라졌지요.
그러자 엄마가 달려와 신아를 감싸 안으며 두 손을 싹싹 빌었어요.
"사, 살려 주세요. 참말로 집에는 우리 딸이랑 저 둘뿐이라니까요. 정말이에요."
큰 주먹 경찰이 눈을 부라리며 말했어요.
"현정한 이 빨갱이 새끼 잡을 때까지 찾아올 거니까 어디 버틸 수 있으면 버텨 보라고."
경찰들이 떠난 뒤에도 신아와 엄마는 한동안 마당에 주저앉아 울음을 삼켰지요.

늦은 아침을 먹은 뒤 엄마가 밭일하러 나갔어요. 신아는 방 안에 누워 이리저리 뒤척이다 자리에서 일어나 외양간으로 갔어요. 오도카니 묶여 있던 송아지가 반색하며 신아 손에 얼굴을 비볐지요. 울적한 마음을 달래려고 신아는 송아지를 끌고 밖으로 나갔어요.

올레(집에서 큰길까지 이르는 골목) 끄트머리를 지나 산길로 올라가려고 할 때였지요.

"어이, 꼬맹이! 너 현정한이 동생이지?"

아침에 집에 왔던 큰 주먹 경찰이 히죽거리며 신아에게 다가왔어요. 어깨에 멘 총 끝에 꽂힌 칼이 번쩍하고 빛났지요. 신아는 다리가 바들바들 떨렸어요.

"산에는 왜? 몰래 오빠 만나려고?"

"아니에요. 송아지 풀 먹이러 마을 목장에 가는 거예요. 오, 오빠는 일본에 갔어요."

신아는 떨지 않으려 소고삐를 꽉 잡고 간신히 대답했어요.

"그래? 그럼 내가 따라가도 상관없겠네?"

큰 주먹 경찰은 앞장서라는 듯 신아의 등을 툭 밀었어요. 가만히 집에 있을 걸 하는 후회가 밀려왔지만, 이미 늦은 일이었지요.

등줄기에 땀이 송골송골 맺힐 즈음 푸른 들판이 눈에 들어왔어요. 고삐를 풀어 주자 송아지가 느릿느릿 걸어가 고개를 푹 숙이고 열심히 풀을 뜯었어요. 신아는 바위 위에 쪼그리고 앉아 꼼짝 않고 그 모습을 바라보았지요.

그렇게 한 시간이 훌쩍 지났어요. 큰 주먹 경찰이 더는 못 견디겠다는 듯 몸을 비틀더니 신아에게 다가와 못마땅한 표정으로 말했어요.

"오빠 만나거든 얼른 자수하라고 해. 무장대가 숨은 곳을 사실대로 말하면 너희 오빠는 특별히 용서해 준다고. 알아들었냐?"

큰 주먹 경찰은 기분 나쁜 웃음을 흘리고는 팔을 휘적거리며 산을 내려갔어요.

그제야 긴장이 풀린 신아는 풀밭 위에 벌렁 누웠어요. 부드러운 봄바람이 스쳐 지나갔지요. 스르륵 눈이 감기더니 자기도 모르게 까무룩 잠이 들고 말았어요. 얼마 쯤 시간이 흐른 뒤 축축한 기운에 눈을 뜬 신아는 하마터면 소리를 크게 지를 뻔했어요. 신아 얼굴을 핥아 대는 송아지 옆에 오빠가 떡하니 서 있었거든요. 신아는 반가운 마음에 오빠를 와락 끌어안았지요.

"오빠! 지금까지 산에 있었어? 얼른 집에 가자. 아침부터 경찰들이 오빠를 찾는 통에 엄마가 얼마나 걱정했는데."

오빠는 가만히 고개를 저었어요. 며칠 동안 제대로 먹지도 못하고 잠도 못 잤는지 얼굴이 몹시 핼쑥해 보였지요.

"자수하면 오빠는 안 잡아간다고 경찰 아저씨가 그랬어. 무장대가 숨은 곳만 말하면 된대. 정말이야."

그 말을 들은 오빠의 얼굴이 순식간에 굳었어요.

"뭐? 경찰이 너까지 쫓아다녀?"

갑작스런 오빠의 다그침에 신아 눈이 동그래지더니 어느덧 눈물이 글썽글썽했어요. 오빠가 신아의 눈물을 닦아 주며 애써 웃음을 지어 보였지요.

"오빠가 집에 못 가는 건 경찰이 무서워서가 아니라 꼭 해야 할 일이 있어서야. 우리가 농사지은 걸 죄다 빼앗기거나, 잘못도 없는 사람들이 경찰한테 끌려가 목숨을 잃는 일이 없는 세상을 만들기 위해서야. 통일 정부를 세우기 위해서이기도 하고."

"그걸 꼭 오빠가 해야 돼? 오빠는 그냥 나랑 엄마랑 같이 살면 안 돼?"

"미안해, 신아야. 대신 오빠가 보고 싶을 땐 한라산을 보렴. 내일 새벽, 여기 오름에서 봉홧불이 타오를 거야. 그러면 오빠도 싸우기 시작했다는 뜻이니 다 끝날 때까지 조금만 기다려."

번뜩이는 눈과 굳게 다문 입. 단단히 결심한 오빠를 무엇으로도 말릴 수 없었지요. 오빠는 미안함이 가득한 얼굴로 신아 머리를 쓰다듬고는 힘차게 산으로 뛰어갔어요.

해 질 무렵, 집으로 온 신아는 위험하게 오름에는 왜 갔냐고 엄마한테 꾸중을 들었어요. 그래서 오빠를 목장에서 만났다는 이야기를 차마 꺼낼 수 없었지요. 불편한 마음에 신아는 저녁도 먹는 둥 마는 둥 하고 자리에 누웠어요. 하지만 좀처럼 잠에 들지 못하고 방 안에 누워 연신 눈만 껌벅거리다 마당으로 나왔어요.

그때 갑자기 컴컴한 어둠을 가르며 시뻘건 불길이 타올랐어요. 마을 목장에서 멀지 않은 오름인 듯했지요. 당황한 신아가 어쩔 줄 모르고 있을 때, 사람들이 웅성거리며 하나둘 밖으로 나왔어

요. 어느새 방에서 나온 엄마도 신아 옆에 서 있었지요.

"봉홧불이라니, 또 무슨 난리가 나려고……."

엄마가 걱정이 가득한 얼굴로 중얼거렸어요. 그제야 신아는 봉홧불이 타오르면 싸우기 시작했다는 뜻이라던 오빠의 말을 떠올렸지요.

봉홧불은 밤하늘을 집어삼킬 듯이 일렁였어요. 그 모습이 어찌나 아슬아슬해 보이는지 가슴이 자꾸만 두방망이질 쳤어요. 신아는 오빠가 무얼 하든 제발 무사하게만 해 달라고, 조금만 기다리면 오빠가 꼭 돌아오게 해 달라고 빌고 또 빌었답니다.

미군정은 어떻게 대응했을까?

📶 무장대의 무모한 싸움

 어휴, 내가 신아였어도 오빠가 걱정돼 잠을 제대로 못 잤을 거 같아.

그러게. 아무튼 봉홧불을 신호로 무장대는 파출소와 우익 단체 청년들의 집을 습격했어.

 제주도민들은 무슨 생각이 들었을까?

만약 내가 3·1절 기념 대회 때 희생된 사람의 가족이라면, 대신 복수해 줘서 고마웠을 것 같은데?

 하지만 그러면 경찰이랑 서북 청년회, 무장대 간의 비극이 끝없이 반복될 거야.

게다가 미군에게 최신 무기를 받는 경찰, 군인과 맞서는 무장대는 제대로 된 무기도 없었어.

 그런데도 "탄압이면 항쟁이다"라며 봉기한 건 제주도 상황이 절박했기 때문이 아니었을까?

맞아. 그리고 죄 없는 청년들이 고문당해 죽었는데도 모른 척한 미군정도 실망스러워.

📶 평화 협상 추진

 그런데 이때 단독 선거에 반대하는 시위는 육지에서도 많이 일어나지 않았어?

응. 남한과 북한에 다른 정부가 세워지면 전쟁이 난다며 큰 시위도 여러 번 있었대.

 그에 비하면 제주 봉기는 규모가 작아서 미군정도 처음엔 금방 진압할 거라고 생각했지. 그런데 생각보다 무장대의 투쟁이 길어지자 결국 국방 경비대를 투입했어.

국방 경비대?

 국방 경비대는 1946년, 제주도가 전라남도에 속한 섬에서 '도(道)'로 지위가 올라가며 모슬포에 생긴 군대야.

국방 경비대 제9연대장 김익렬은 이 사건이 커지면 제주도민이 큰 피해를 볼 거라고 예상했어.

그래서 무장대와 협상하라는 명령을 받자마자 평화 협상을 제안하는 전단을 한라산에 뿌렸지.

협상은 성공했어?

응. 4월 28일, 무장대 총책임자 김달삼을 만나서 72시간 안에 전투 중지, 5일 안에 무기를 버리면 무장대의 안전을 보장하기로 약속했어.

📶 제주도의 메이데이

후유, 그럼 이제 평화롭게 해결되는 거야?

그런데 사흘 뒤, 무장대가 오라리 연미 마을에 불을 질렀다는 소식이 들려왔어. 하지만 현장을 조사하니까 무장대가 아니라 우익 단체인 대동 청년단 단원들이 불을 지른 거였지.

 도대체 왜 불을 질렀는데?

 3·1절 기념 대회 사건으로 죽은 마을 사람의 복수를 한다며 무장대가 경찰과 대동 청년단 단원들의 가족을 죽인 일이 있었거든.

 아이고.

 그 일을 복수하려고 우익 청년들이 마을에 불을 지른 뒤 무장대 짓으로 꾸민 거야.
그런데 그 후 더 이상한 일이 벌어졌어.

 무슨 일?

 처음엔 무장대와 평화 협상을 하라고 했던 미군정이 김익렬의 보고는 무시하고, 좌익이 불을 질렀다는 경찰의 주장만 받아들인 거야.

 또 미군은 불타는 오라리의 모습을 촬영해 〈제주도 메이데이〉라는 무성 영화까지 만들었어.
불이 날 줄 처음부터 알고 있었던 것처럼.

무자비한 토벌 작전

 미군정이 무장대가 마을에 불을 냈다고 말한 이유는, 평화 협상을 깨뜨리기 위해서였어. 경찰도 계속해서 무장봉기가 공산주의자들의 폭동이라고 주장했어.

결국 미군정은 평화 협상을 뒤엎고 무장대를 총공격하기로 했어. 그리고 그에 항의하던 김익렬 연대장을 해임했지.

 사실 확인도 제대로 안 하고 너무하다.

미군정이 이런 선택을 한 이유는 남한에서 단독으로 치르는 5·10 총선거가 일주일 앞으로 다가왔기 때문이야. 미국에 유리한 정부를 남한에 세워야 했으니까.

 미군정 사령관은 "제주도 작전에 남한 사람들의 눈과 귀가 집중돼 있다"라며 빨리 폭도들을 진압하라고 명령했어.

참 나, 선거만 하면 뭐해? 민주주의 국가라면 억울하게 죽는 사람이 없도록 진실을 명백하게 밝히는 게 더 중요하지!

 내 말이! 새로 온 연대장은 부임한 지 6주 만에 사람들을 6천 명이나 잡아들였는데, 그중에는 농사짓다가 끌려온 사람, 심지어 중학생도 있었대.

뭐야. 좌익이든 아니든 상관없이 사람들을 잡아들이는 데만 정신이 팔렸나 봐.

남달리의 역사 수첩

우익 청년 단체
서북 청년회

해방 후, 공산주의자들의 탄압을 피해 북에서 남으로 피난 온 사람들이 있었어요. 소련군에게 토지와 재산을 빼앗긴 사람들, 신앙의 자유를 빼앗긴 기독교인 등이었지요.

이들은 남한에 아는 사람도, 직장도 없었어요. 그래서 같은 고향 사람끼리 모여 살며 서로 도왔지요.

그런데 자유의 땅이라고 생각한 남한에도 좌익과 우익의 싸움은 끊이지 않았어요. 남한에 공산주의 정부가 들어서면 갈 곳이 없던 그들은 공산주의를 몰아내자며 1946년 '서북 청년회'를 만들었어요. 서북은 평안도(관서), 황해도(해서), 함경도(관북) 지방을 합친 말이에요.

> 남한에서 공산주의자들을 몰아내자!

1948년 4월 3일, 제주에서 무장봉기가 일어나자 경찰청장 조병옥은 천 명이 넘는 서북 청년회 단원들을 경찰이나 경비대 자격으로 제주도에 보냈어요.

미군정과 우익 정당인 한국 민주당은 서북 청년회를 반겼어요. 일제 강점기 때부터 독립운동을 하며 국내에 조직이 탄탄했던 좌익과 달리, 우익은 조직이 약했거든요. 그래서 서북 청년회를 이용해 좌익 세력을 없애려 한 거예요.

서청을 잘 이용하면, 손 안 대고 코 풀 수 있겠는걸.

제주도는 빨갱이 섬이래!

정식 경찰과 군인이 아니었던 서북 청년회는 월급이 없어 툭하면 제주도민들을 폭행하고 재물을 빼앗았어요.

좋은 말로 할 때 얼른 돈을 가져오라고!

그 뿐만 아니라 마음에 들지 않는 사람은 공산주의자로 몰아 고문하고, 죽이는 일도 서슴지 않았지요.

하지만 아무도 그들을 막을 수 없었어요. 서북 청년회 단원들은 그렇게 경찰, 군대, 행정 기관, 교육 기관으로 진출해 오랫동안 제주도민들을 공포에 떨게 했답니다.

그 누구도 우리를 가로막을 순 없지.

후훗!

제주 4·3사건
다크 투어

섯알오름

제주도에는 한라산을 중심으로 수백 개의 크고 작은 오름이 펼쳐져 있어요. 오름은 산, 봉우리를 뜻하는 제주 방언으로, 오랫동안 제주도 사람들에게 삶의 터전이 되어 준 곳이에요. 오름에 올라 내려다보는 제주도의 풍광은 무척 아름다워요. 하지만 1948년, 봉홧불이 타오르고 무장봉기가 시작된 뒤 제주의 오름은 4·3사건 희생자들의 설움이 묻힌 곳이 되었지요.

섯알오름과 백조일손 묘역

제주 송악산 북쪽에는 낮은 말굽 모양 분화구 세 개가 줄지어 있는데 이를 알오름이라 불러요. 그중 알뜨르 비행장 근처에 있는 오름을 서쪽에 있다는 뜻으로 섯알오름이라고 해요.
1950년 8월 20일 새벽, 한림 어업 창고와 무릉 파출소에 갇혀 있던 사람들 63명, 모슬포 고구마 창고에 갇혀 있던 132명이 군인들 손에 모두 목숨을 잃었어요. 앞으로 범죄를 일으킬 가능성이 있다는 말도 안 되는 이유였지요. 오랜 시간이 흐른 뒤, 유족들은 한림 지역 희생자들을 한림읍 만벵듸 공동묘지에, 모슬포 지역 희생자들을 이곳 섯알오름 뒤쪽에 묻었는데 이곳을 '백조일손 묘역(서로 다른 백서른두 분의 조상들이 한날, 한시, 한곳에서 죽어 뼈가 엉기어 하나가 되었으니 그 후손들은 이제 모두 한 자손이라는 의미)'이라 불렀어요.
섯알오름이 있는 모슬포에는 알뜨르 비행장, 송악산 진지동굴 등 태평양 전쟁과 관련된 국가 지정 등록 문화재만 여덟 곳에 달해요. 반드시 기억해야 할 역사의 현장이니 꼭 들러 보세요.

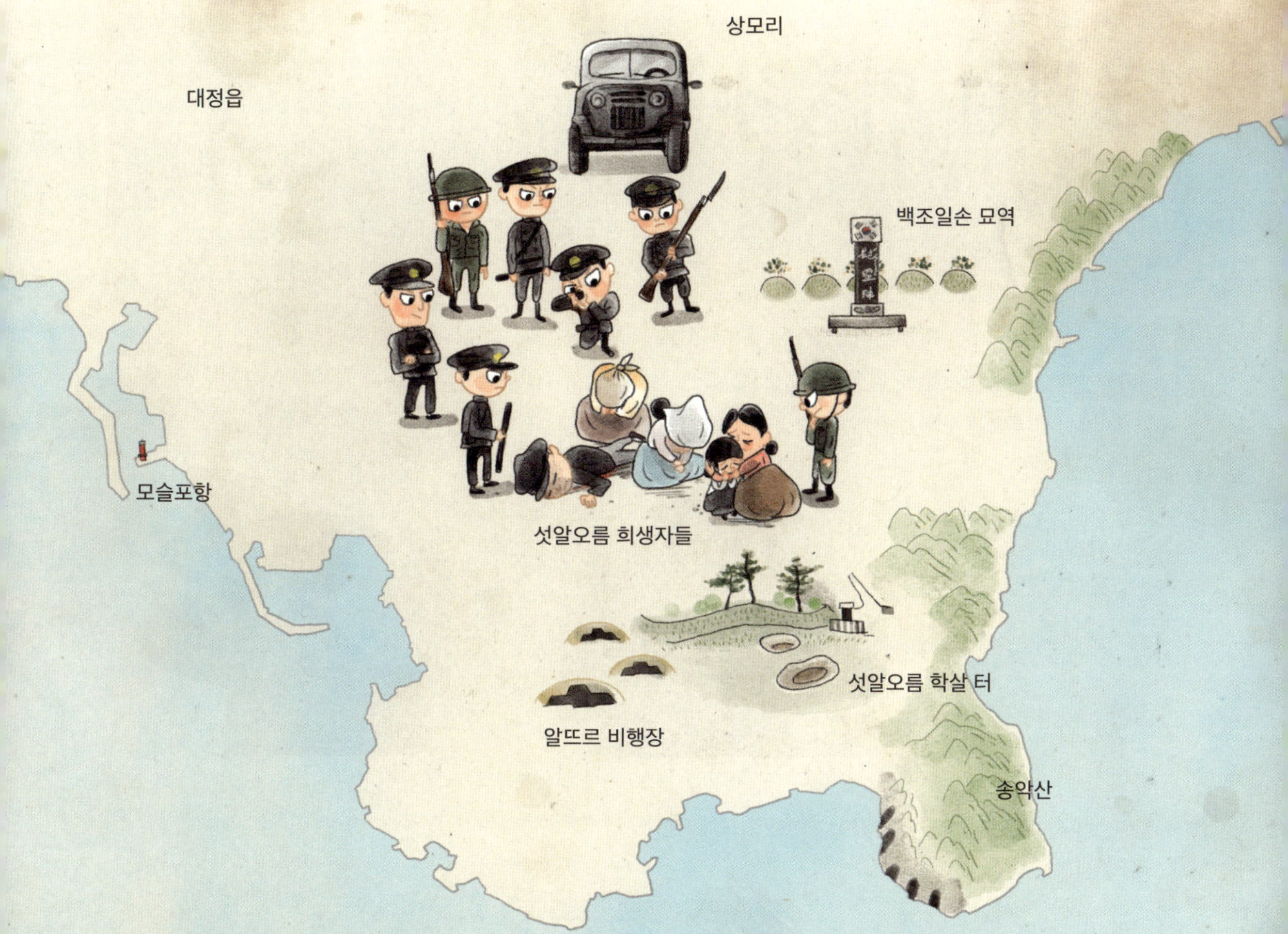

상모리

대정읍

백조일손 묘역

모슬포항

섯알오름 희생자들

알뜨르 비행장

섯알오름 학살 터

송악산

섯알오름 희생자 추모비

백조일손 묘역

오라리 마을의 비극

오라리는 제주 읍내와 가까우면서도 산간 지역까지 이어진 큰 마을로, 해방 직후 인구가 3천여 명에 달했다.

1948년 4월 11일, 오라리 정실 마을에서 한 남자가 살해됐다.

왜 범인을 못 잡는 거야? 경찰 아버지가 죽었다고! 보나 마나 무장대 짓이 뻔하잖아!

죄송합니다!

한편, 열흘 뒤 오라리 연미 마을에서 말 두 마리가 사라졌다.

삼촌, 오등 마을 말테우리(말을 돌보는 사람)가 못 보던 말 두 마리를 봤대요. 우리 마을에서 사라진 말인 것 같아요.

그것참 다행이구나. 빨리 다녀오자.

예?

잃어버린 말을 찾으러 옆 마을에 갑니다.

어이, 거기 두 사람! 지금 어디 가는 거야?

말은 핑계고 폭도들 만나러 산에 가는 거 아니야?

아니에요!

이놈들을 끌고 가서 심문해!

응원 경찰은 두 사람을 숲으로 끌고 가 다그쳤지만….

입 다물어!

원하는 답을 듣지 못하자 총을 쏘아 한 사람이 그 자리에서 목숨을 잃었다.

타앙!

얼마 뒤, 좌익 활동을 하던 한 청년도 밭에서 시신으로 발견됐다.

참말이랍니까? 아이고, 한동네 사람끼리 왜들 그리 우악스럽게 구는지…….

죽은 청년을 고발한 게 우익 활동하는 김씨라고 하던데?

그러던 4월 29일, 연미 마을에 사는 우익 단체 청년 두 명이 행방불명됐고, 그다음 날에는 우익 단체 청년들의 부인 두 명이 무장대에 끌려가 한 사람이 목숨을 잃었다.

오라리 마을의 분위기는 점점 흉흉해졌다. 그러던 5월 1일, 무장대에 목숨을 잃은 여인의 장례식이 열렸다.

장례식에 참석했던 경찰들이 돌아가자 서북 청년회와 대동 청년단 등 우익 단체 청년들은 오라리 마을을 돌며 십여 채가 넘는 집에 불을 질렀다.

마을을 다 불태워서라도 폭도들을 모조리 없애 버리겠어!

산 위에서 마을이 불타는 것을 본 무장대가 우익 청년들을 추격했지만, 그들은 이미 자리를 피한 뒤였다.

한편, 이번에는 무장대가 떴다는 소식을 듣고 경찰들이 오라리 마을로 출동했다.

경찰들은 마을 어귀부터 총을 쏘며 달려왔고 놀란 주민들은 산 쪽으로 도망쳤다. 그러던 중 마을 주민 한 사람이 목숨을 잃었다.

무장대와 평화 협상을 주도했던 제9연대장 김익렬은 진실을 알고자 현장에 직접 가서 사건을 확인했다.

정말 우익 단체 청년들이 불을 질렀단 말이오?

그렇다니까요!
대동 청년단 단원 박 아무개가 사람들을 데리고 다니며 불 놓는 걸 내가 봤다니까요.

김익렬은 박 아무개를 제주 읍내에서 붙잡았다. 하지만 미군정은 방화가 폭도의 짓이라는 경찰의 말을 믿어 주었고,

다 폭도들 짓이랍니다.

박 아무개는 얼마 지나지 않아 풀려났다.

하하하! 이렇게 경찰이 뒤를 든든하게 봐주는데 나도 경찰이나 해 볼까?

꼬리에 꼬리를 문 복수극은 결국 죄 없는 마을 사람들에게만 큰 피해를 남겼다.

도민증

제 주 도

선거 찬성과 반대 진영의 대립

UN 깃발이네!

미·소 공동 위원회가 열렸지만, 미국과 소련은 한반도에서 임시 정부를 어떻게 구성할지 끝내 합의를 이루지 못했어요.

미국이 이 문제를 국제 연합(UN)에 넘기자, 유엔(UN)은 북한을 제외하고 남한에서만이라도 총선거를 하라고 했지요.

남한 단독 정부도 나쁘지 않지요.
좋습니다!
OK!
이승만

이승만과 한국 민주당은 이 결정을 환영했지만, 반대하는 사람들도 많았어요. 대표적인 인물이 백범 김구예요.

38선을 베고 쓰러질지언정 분단 정부를 수립하는 데 협력할 수 없습니다.
김구

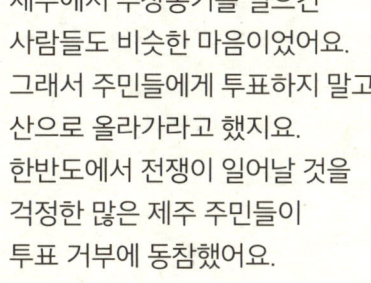
남한이 단독으로 정부를 세우면, 북한도 자기들만의 정부를 세울 게 뻔했어요. 그러면 분단이 쭉 이어져 전쟁의 위험성도 커졌지요.

제주에서 무장봉기를 일으킨 사람들도 비슷한 마음이었어요. 그래서 주민들에게 투표하지 말고 산으로 올라가라고 했지요. 한반도에서 전쟁이 일어날 것을 걱정한 많은 제주 주민들이 투표 거부에 동참했어요.

중산간(해발 200~600미터 지역) 마을에 사는 많은 사람들이 5월 초 한라산에 올라갔다가, 선거가 끝난 뒤 마을로 내려왔어요.

하지만 무장대는 선거를 못 하게 하려고 투표소를 공격하거나 선거 관리 위원의 목숨을 빼앗는 잘못도 저질렀지요.

선거 반대에 대한 강경한 진압

한편, 미군정은 제주도민들이 선거를 거부하려는 움직임을 보이자 육지 경찰 1700여 명과 서북 청년회 단원 500여 명을 불러들였어요.

육지 경찰

상황이 더 나빠진다옹!

서북 청년회

그럼에도 제주도 선거구 세 곳 중 두 군데는 투표율이 너무 낮아 선거가 결국 무효가 되었어요. 이 소식을 들은 미군 사령관들은 화가 잔뜩 났지요.

무장대를 진압하러 제주도에 온 브라운 대령은 제주도 서쪽부터 동쪽까지 빗자루로 쓸듯 휩쓸어 버리겠다고 큰소리를 쳤답니다.

이야기로 읽는 생생 역사
산에 오른 사람들

무장대는 5·10 단독 선거를 치르지 못하게 하려고 과격한 행동도 서슴지 않았어요. 선거 관리 사무소에 불을 지르거나 선거 관리 위원들을 협박하기도 했지요.

"다녀왔습니다."

민규가 학교에서 돌아오자 엄마가 기다렸다는 듯 부엌에서 나와 바구니를 건넸어요.

"왔니? 삶은 감자랑 볶은 콩 담은 바구니다. 우리 식구 먹을 것이니 조심해서 들고 따라와."

"어디 가는데요?"

"어디긴 어디야. 산에 가는 거지. 하룻밤 자고 올 거니까 내일은

학교 안 가도 된다."

　아버지가 할아버지를 부축하고 엄마는 이불 보따리를 등에 짊어졌어요. 민규는 대바구니를 들고 말없이 걸었지요. 저벅저벅 소리에 뒤를 돌아보니 대나무 창을 든 무장대원 둘이 따라오고 있었어요.

　소와 말이 한가로이 풀을 뜯던 마을 목장은 갑자기 사람 사는 동네로 변해 있었어요. 선민이 누나네 가족은 언제 올라왔는지 벌써 움집을 만들었고, 저 멀리 말썽꾸러기 쌍둥이 찬이와 솔이가 뛰어

다니는 게 보였지요.

"와, 온 동네 사람들이 다 모였네요."

"대나무 창을 들이밀면서 당장 올라가라는데, 안 가고 배길 수가 있어야지."

아빠가 퉁명스럽게 말하고는 할아버지가 쉴 수 있게 한쪽에 자리를 만들었어요. 그때 수염이 덥수룩한 사내 하나가 큰 소리로 동네 사람들의 주의를 끌었어요.

"여러분, 우리는 한민족입니다. 남한만의 단독 선거는 절대 있을 수 없습니다. 우리가 투표를 거부하면 이 선거는 무효가 됩니다. 그런 다음엔 통일 정부를 만드는 선거를 치를 수 있습니다! 여러분을 해치려는 것이 아닙니다. 선거가 끝날 때까지만 산에 계시면 모두 무사히 집에 돌아갈 수 있으니 조금만 참으십시오."

"맞습니다! 그게 제주도민들이 다 같이 잘사는 길입니다!"

몇몇 무장대원들이 대나무 창을 흔들며 호응했어요. 맞는 말이라는 듯 손뼉을 치거나 고개를 끄덕이는 사람도 있었지요. 하지만 엄마 아빠는 뭐가 그리 걱정이 되는지 자꾸만 한숨을 내쉬었어요.

엄마 아빠와 달리 민규는 기분이 좋았어요. 저녁으로 찐 감자까지 꺼내 먹으니 오랜만에 가족과 나들이를 나온 것 같았거든요. 움집에 누워서, 얼기설기 엮인 억새와 나뭇가지 사이로 쏟아져 들어오는 별을 바라보며 민규는 기분 좋게 잠들었어요.

다음 날 아침, 민규는 선민이 누나를 따라다니며 고사리를 뜯고 달래도 캤어요. 오후에는 찬이, 솔이를 데리고 뜀박질을 했지요.

"아싸, 일등!"

"칫, 형은 키도 크면서 좀 봐주지도 않고."

민규가 오름 꼭대기에 있는 배롱나무를 탁, 치자 동생들이 입을 삐죽이며 볼멘소리를 했어요. 그러거나 말거나 오름에서 바라보는 섬은 너무나 아름다웠지요. 민규는 속으로 우리 집은 어딜까, 하며 거리를 가늠해 보았어요.

그때 찬이가 검은 연기가 치솟는 곳을 가리키며 말했어요.

"형! 저기 봐! 검은 연기가 하늘로 올라와!"

그 말에 민규가 후다닥 오름을 뛰어 내려가며 소리쳤어요.

"불이에요, 불! 저기 불이 났어요!"

민규가 외치는 소리에 망을 보던 무장대원들이 달려왔어요. 놀란 아빠가 민규와 찬이, 솔이를 마을 사람들이 모인 곳으로 황급히 데려갔지요.

펑, 하는 굉음과 함께 불길은 더 사나워졌고 곧이어 어디선가 탕탕, 하는 총소리까지 들렸어요.

"암만해도 투표소에 무슨 일이 생긴 것 같지요?"

엄마 말에 아빠가 고개를 끄덕였어요.

"빨리 마을에 내려가 봐야 하는 거 아니에요?"

눈치를 보던 민규가 물었어요.

"지금 내려간다고 하면 저들이 우리를 순순히 보내 주겠냐?"

아빠가 손을 홰홰 내저으며 말했어요.

"아이고, 저번에는 파출소에 불을 지르고 경찰을 죽였다더니, 앞으로 어찌하려고 이렇게 큰일을 벌여."

찬이네 할머니가 혀를 끌끌 찼어요.

"젊은 남자는 다 폭도로 몰리고, 보이는 대로 잡아가서 고문하는데 그럼 가만히 당하고만 있어요?"

선민이 누나가 억울한 표정으로 대꾸했어요. 선민이 누나 막냇삼촌은 경찰들을 피해 산으로 도망갔다가 아직도 집에 돌아오지

못하고 있었어요.

"경찰이 잘못한 걸 누가 몰라서 그러나. 불똥이 애먼 사람들한테 튀니까 걱정이 돼서 그렇지."

엄마 말에 동네 어른들은 순식간에 침통한 얼굴이 되었어요. 산에 올라와 즐거웠던 기분은 온데간데없이 사라지고, 두려움이 스멀스멀 민규의 마음속을 파고들었지요.

해가 설핏해질 때쯤, 무장대원들은 선거가 끝났다며 자기들끼리 부리나케 산으로 올라가 버렸어요. 마을 사람들은 우물쭈물하다가 다음 날 동이 트자 도망치듯 산에서 내려왔지요.

며칠 후 신문에는 이승만이 초대 대통령이 되었다는 기사가 대문짝만하게 실렸어요. 한쪽에는 제주도민들이 선거를 거부해 두 곳에서 선거 무효가 되었다는 내용도 있었지요.

"아이고, 여보. 육지에선 우리처럼 투표를 거부하지 않았대요. 제주 사람만 큰일 난 거 같아요. 통일 정부고 뭐고 다 죽게 생겼네. 우리도 도망가야 하지 않을까요?"

"집이랑 밭을 두고 우리가 어디 가서 살 수 있겠소?"

민규네 마을 사람들은 밤이면 식량을 달라는 무장대에게 시달리고, 아침이면 폭도를 찾겠다며 위협하는 경찰 앞에서 벌벌 떨었어요. 그렇지만 마을을 떠나 갈 수 있는 곳은 어디에도 없었지요.

엄마 아빠의 깊어지는 한숨 소리 너머로, 의지할 곳 없는 민규네 가족의 하루가 또 저물어 갔어요.

왜 단독 선거를 거부했을까?

제주도민들이 산에 오른 이유

한라산에 올라간 주민들

제주도는 선거구 세 곳 중 두 곳에서 선거 무효가 선언되었어요.

 그럼 선거를 치르지 못해서 대한민국 정부가 수립되지 못한 거예요?

 아니요, 육지에서는 투표율이 절반을 넘었고 무사히 선거를 치렀어요. 선거에서 선출된 국회 의원 198명은 헌법을 제정하고, 이승만을 대통령으로 뽑았지요. 하지만 선거 결과를 본 이승만 정부와 미군정은 큰 충격을 받았어요. 제주도의 선거 거부는 미군정과 대한민국 정부에 대한 도전이나 다름없었으니까요.

 도민들이 위험을 무릅쓰고 선거를 거부하며 한라산으로 오른 이유는 뭘까요?

 단독 선거를 하면 우리나라가 영원히 분단될까 봐 그런 게 아닐까요?

 물론 도민들은 통일 정부를 바랐어요. 하지만 도민들이 자발적으로 산에 올라간 건 아니었어요. 단독 선거는 절대 안 된다고 주장한 무장대는 주민들의 도움이 필요했어요. 그래서 주민들에게 투표를 거부하고 산에 올라가라고 강요한 것이지요.

 세상에. 무장대와 토벌대 사이에 끼여서 애꿎은 주민들만 죽어났네요!

선거가 끝난 뒤 무장봉기의 중심 세력이었던 제주 남조선 노동당은 큰 고민에 빠졌어요.

북한으로 간 무장대 지도자들

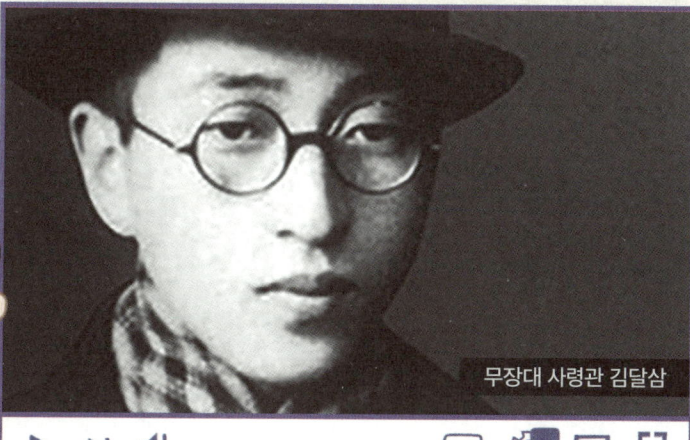

무장대 사령관 김달삼

무슨 고민에 빠졌는데요?

이승만 정부가 수립되었으니 분단을 인정하고 남한에 남을지, 아니면 통일 정부를 수립하겠다고 한 북한으로 갈지 결정해야 했거든요.

그래서 어떻게 했어요?

이때 북한은 새로운 정부를 수립한다며 평양에서 두 번째로 회의를 열었어요. 하지만 말로는 통일 정부를 내세우고, 사실은 김일성을 중심으로 한 단독 정부를 수립할 속셈이었지요.

그럼에도 남조선 노동당 제주도 위원회 조직 부장이자 무장대 사령관 김달삼을 비롯한 핵심 지도부 여섯 명이 8월에 북한으로 떠났어요. 그리고 9월, 북한에도 남한처럼 단독 정부가 세워졌지요.

나중에 이 사실을 알게 된 제주도민들은 큰 배신감을 느꼈을 것 같아요.

게다가 무장대 핵심 지도부가 북한으로 가 버리는 바람에 북한 공산주의자들이 제주 4·3사건을 일으켰다는 이승만 정부의 주장에 힘이 실리고 말았어요.

미군정과 토벌대의 무력 진압

하지 미군정 사령관(좌)과 브라운 대령(우)

미군정은 어떻게든 빨리 제주도 상황을 끝내고 싶었어요. 그래서 총지휘관 브라운 대령을 제주도로 보냈지요.

 브라운 대령은 "나는 원인에는 흥미가 없다. 내가 할 일은 진압뿐"이라고 말했어요.

 아니, 경찰도 그렇고 왜 일이 벌어진 원인을 찾지 않는 거예요?

 맞아요. 처음 3·1절 기념 대회 때부터 사람들이 목숨을 잃은 이유를 찾고, 주민들 말에 귀를 기울였으면 일이 이렇게 되지 않았을 거예요.

 미군정이 이렇게 서둘렀던 건 재선거를 치르기 위해서였어요. 자기들이 한국에서 펴는 정책이 잘못되지 않았다는 걸 증명하려고요.

 도대체 누구를 위한 선거였을까요? 선거를 하고 정부를 세우는 이유는, 결국 국민이 행복하게 잘사는 나라를 만들기 위해서잖아요.

 안타깝게도 미군정과 이승만 정부는 제주도민을 대한민국 국민이라기보다 공산주의를 지지하는 적으로 보았던 것 같아요. 그래서 군인과 경찰로 이루어진 토벌대는 산속에 숨은 무장대를 찾는다면서 애꿎은 주민들을 때리고 잡아갔지요. 이승만 정부는 그걸로도 모자라 더 많은 군인들을 제주도로 보내려 했어요.

4·3사건 진압을 거부한 군인들

여수·순천 사건 희생자들

> 도민들은 토벌대가 마을에 나타날까 봐 공포에 떨며 하루하루를 보냈어요.

 그런데 1948년 10월 19일에 뜻밖의 사건이 터지고 말았어요.

 어떤 사건이에요?

 제주도 출동을 명령받고 여수와 순천에 주둔하고 있던 국방 경비대 제14연대 소속 일부 군인들이 같은 민족에게 총을 쏠 수 없다며 제주 4·3사건 진압 명령을 거부한 거예요.

 그래서 어떻게 되었어요?

 반란군은 8일 만에 토벌군에게 진압되었지만 그 과정에서 수천 명의 민간인이 또 희생되고 말았지요.

 정말 안타까운 일이네요. 여순 사건은 제주도에 어떤 영향을 끼쳤나요?

 안 그래도 제주도에서 강경 진압 작전을 펼치려던 이승만 정부는 계획에 더욱 박차를 가했지요.

 토벌대가 또 얼마나 제주도민들을 탄압했을지 불 보듯 뻔해요.

83

남달리의 역사 수첩

큰 인명 피해를 낳은 백지 날인 사건

제주 4·3사건이 계속되는 동안 죄 없는 사람들이 숨진 사건은 셀 수 없이 많았어요. 그중 하나가 '백지 날인 사건'이에요. 이 사건은 북한에 정부를 세우려는 사람들이 남한에서 몰래 대표를 뽑는 지하 선거를 하려다 일어났어요. 제주도에서는 무장대의 강요로 주민들이 마지못해 백지에 이름을 쓰고 손도장을 눌렀는데, 백지에 이름을 쓰는 것이 무슨 뜻인지 알지 못했던 사람들은 이 일로 큰 고통을 겪었어요. 백지 날인한 일이 죄가 되어 수많은 민간인이 희생된 거예요.

1948년 여름. 매미 소리가 나거나 꽥꽥거리는 소리가 들리면 무장대가 마을로 내려왔다는 뜻이었어요.

그들은 주민들에게 백지를 내밀며 도장을 찍으라고 했어요. 주민들이 뭐냐고 물으면 무장대를 지지한다는 뜻이라고 대답했지요.

어떤 사람들은 통일 정부를 만든다는 말에 속아서, 또 어떤 사람들은 협박 때문에 무서워서 백지에 손도장을 찍었어요.

그런데 이 백지는 북한에 정부를 수립하기 위해 남한에서 몰래 실시한 지하 선거의 투표용지였어요.

이때 손도장을 찍어 준 사람들은 경찰과 군인들에게 또다시 빨갱이로 몰렸어요.

그러고는 모진 고문을 당하거나 제대로 재판도 받지 못한 채 목숨을 잃고 말았답니다.

제주 4·3사건
다크 투어

관음사와 한라산

한라산 자락, 해발 650미터에 자리한 관음사는 1909년에 세워졌어요. 1948년 4월 3일 무장봉기 후, 무장대는 관음사 일대를 활동 근거지로 삼았어요. 특히 관음사는 무장대의 식량을 보급하는 길목에 있어 전략적으로 중요한 곳이었지요. 1949년 2월 12일, 토벌대는 한라산에서 전투 끝에 무장대를 쫓아내고 관음사를 불태웠어요. 그러고는 한동안 이곳을 토벌대의 주둔지로 삼았지요. 관음사뿐만 아니라 한라산 여기저기에 제주 4·3사건의 흔적이 남아 있어요. 어승생오름 주변은 무장대의 훈련 장소였고, 사라오름, 돌오름, 영실, 성판악 등에서는 무장대와 토벌대 사이에 치열한 전투가 벌어졌지요. 또 하늘에 제사를 지냈던 산천단 앞에는 비석 세 개가 놓여 있는데, 그중 하나에는 제주 4·3사건 때 박혔던 총알이 아직도 남아 있답니다.

관음사

한라산

도민증

제 주 도

인권을 짓밟은 무시무시한 포고령

1948년 10월 17일, 토벌 사령관 송요찬은 해안선에서 5킬로미터 이외의 적성구역에서 발견되는 사람은 무조건 사살하라는 무시무시한 명령을 내렸어요.

해안선에서 5킬로미터 떨어진 적성 구역은 한라산 같은 산악 지역뿐만 아니라 해발 200미터~600미터 사이, 중산간 지역의 모든 마을까지 포함하고 있어요.

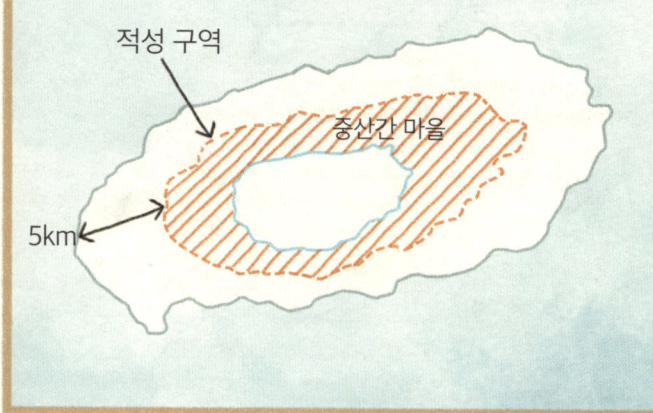

그러니 이 명령은 마을 사람들이 추수하기 위해 밭에 가거나 소에게 먹일 꼴을 베기 위해 들판에 갔다가 언제든 목숨을 잃을 수 있다는 뜻이었지요.

송요찬의 적성 구역 사살 명령이 떨어지고 한 달 뒤, 이승만 대통령은 제주도에 계엄령을 선포했어요.

제주도에서 단독 정부에 계속 저항하면 미국이 지원을 끊을지 모른다. 폭도들을 가혹하게 탄압하라!

이승만 대통령

기자들은 어떻게든 제주도의 끔찍한 상황을 국민들에게 알리려고 했어요. 그러자 군인들은 경향 신문과 서울 신문 제주 지사장을 잡아가 목숨을 빼앗아 버리고, 언론을 완전히 통제했지요.

기사를 왜 썼어!

중산간 마을을 휩쓴 초토화 작전

군인들은 해안선을 막아 제주도를 완전 고립시켰어요. 이제 제주도에서 무슨 일이 벌어져도 바깥에서는 알 길이 없어졌지요.

토벌대는 무장대와 주민의 접촉을 막으려고 중산간 마을 주민들을 해안 마을로 강제 이주시키는 '소개령'을 내렸어요.

빨리 빨리 내려가라고!

하지만 일부 주민들이 삶의 터전인 마을을 떠나지 않았고,

군경은 아이와 노인을 가리지 않고 모두 총으로 쏘아 죽였어요.

또 무장대가 숨지 못하도록 중산간 마을 백여 곳을 불태웠지요.

토벌대는 해안 마을로 이주한 사람들도 가만히 내버려 두지 않았어요.
가족 중 한 명이라도 사라졌으면, 도망친 사람의 가족이라며 잔인하게 죽였지요.

오빠가 어디 있는지 말하지 않을 거면 네가 대신 죽든가!

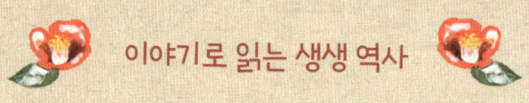

파괴된 마을 공동체

1948년 11월, 중산간 마을을 지옥으로 만든 토벌대의 '초토화 작전'이 본격적으로 펼쳐졌어요. 토벌대의 잔인한 진압 작전과 무장대의 보복 살상이 이어지는 과정에서 수많은 민간인들이 목숨을 잃고 말았어요.

아침부터 시작된 콩 타작은 해가 중천에 오를 때까지 계속되었어요.

"어야홍 어기도야, 어야홍 어기도야. 어라홍아 요콩못 넘어도 간다, 넘어도 간다."

할머니가 구성지게 노래를 부르며 도리깨질을 했어요. 노랫소리를 따라 콩들이 먼지를 날리며 우수수 털려 나왔지요. 엄마가 키질할 때마다 콩 껍질은 바람에 날아가고 콩알만 남았어요.

　아리는 엄마 옆에 앉아 벌레 먹은 콩을 골라냈어요. 수북이 쌓여 가는 콩은 보기만 해도 배가 불렀지요. 추운 겨울에 뜨뜻한 콩국(콩가루에 무나 배추를 넣어 끓인 제주도 토속 음식)을 먹는 상상을 하며 아리는 입맛을 다셨어요. 한참 만에 허리를 편 할머니가 꼭 아리 마음을 들여다본 것처럼 말했어요.

　"오늘 저녁엔 우리 아리가 좋아하는 콩국 끓여 주마."

　"정말요?"

"그럼, 이렇게 일을 열심히 했는데."

엄마도 빙긋 웃으며 아리의 등을 두들겨 주었어요. 아리는 신이 나서 허리가 아픈 줄도 모르고 열심히 일을 거들었지요.

해가 뉘엿뉘엿 넘어갈 때쯤 콩 타작이 끝났어요. 아리가 할머니를 도와 마당을 쓰는 동안 엄마는 모처럼 산디(밭벼 쌀) 쌀로 밥을 짓고, 배춧잎을 넣어 뭉근하게 콩국을 끓였어요. 아리는 콩국에 밥을 말아 두 그릇이나 먹었지요. 배부르게 먹고 따뜻한 방 안에 앉아 있던 아리는 꾸벅꾸벅 졸다 그대로 잠에 빠져들었어요.

"다들 빨리 못 움직여!"

난데없는 소란에 잠에서 깬 할머니가 방문을 열었어요. 차가운 새벽 공기가 이불 속으로 파고들어 아리는 몸을 잔뜩 움츠렸어요. 엄마가 무슨 일인지 살피러 밖으로 나가자 서슬 퍼런 군인 둘이 손전등으로 방문을 비추며 고함을 쳤지요.

"안에 있는 사람 전부 다 나와!"

엄마와 할머니, 아리는 영문도 모른 채 밖으로 끌려 나왔어요. 나와 보니 춘희 언니네와 무진이 삼촌네도 모두 손이 묶인 채 군인들의 감시를 받고 있었지요.

"이게 도대체 무슨 일이래요?"

엄마가 군인들 눈치를 살피며 무진이 삼촌에게 귓속말로 묻자 무진이 삼촌이 한숨을 쉬며 대답했어요.

"우리 마을에 폭도가 숨어들었다고 어디 있는지 말하라는데, 뭘 알아야 말을 하지. 아무리 모른다고 해도 도무지 믿질 않아."

해안선에서 5킬로미터 이상 떨어진 지역에 있는 사람은 누구든 폭도로 보고 총살한다는 포고문이 발표된 뒤, 많은 중산간 마을 주민들이 고향을 떠나 해안가로 쫓겨났어요. 하지만 아리네 가족이 사는 마을은 너무 작아서 경찰도 별로 관심을 두지 않았고, 해안가로 가라는 소식도 전해지지 않았던 거예요.

군인들이 집집마다 돌며 사람들을 모으는 사이 어느덧 날이 밝았어요. 마지막 집인 을동이 삼촌네에 다다랐을 때, 군인들은 네 살밖에 안 된 을동이 삼촌 아들까지 억지로 끌어냈어요. 놀란 아이가 울음을 터뜨리자 을동이 삼촌이 사정했지요.

"우리 봉우는 겨우 네 살밖에 안 됐어요. 제발 아기는 엄마랑 집에 있게 해 주세요."

"이 마을에 숨어든 무장대를 찾기 전까지 예외는 없다. 시끄럽게 굴지 말고 전부 나와!"

군인의 호령에 누구 하나 선뜻 말리지 못했어요. 보다 못한 아리 할머니가 나섰지요.

"우리 마을은 폭도는커녕 마을을 떠난 사람도 없어요. 다들 여기서 태어나 평생 농사만 짓고 산 걸요. 어른들은 다 따라갈 테니 제발 아이들만이라도 여기 있게 해 주세요."

할머니를 보고 용기가 났는지 무진이 삼촌도 입을 열었어요.

"맞습니다. 엊그제 경찰들도 왔다가 별거 없다며 그냥 갔어요. 우리 마을은 밭떼기도 별로 없어서 폭도들이 식량을 뺏으러 오지도 않겠다고 했습니다."

그러자 군인은 눈을 부라리며 총부리로 무진이 삼촌 배를 쿡쿡 찔렀어요.

"그 말을 믿으라고? 폭도를 도와주는 게 아니면 왜 아직도 여기서 버티는 건데? 살고 싶으면 이 마을 사람 중 누가 폭도를 숨겼는지 지목을 하라니까!"

숨 막힐 듯한 침묵이 흘렀어요. 아리는 저러다 군인 아저씨가 할머니한테 총을 쏠까 봐 몸이 바들바들 떨렸지요. 아리의 마음을 아는지 모르는지 할머니는 끝까지 군인을 붙잡고 늘어졌어요.

"여긴 정말로 폭도 같은 거 없다니까요. 정말이에요!"

군인은 매몰차게 할머니를 밀치고 돌아섰어요. 그러자 다른 군인들이 다가와 주민들을 한데 모으더니 손을 뒤로 돌려 단단히 묶었지요. 그렇게 마을 사람들은 네 살짜리 아이부터 예순 살 넘은 노인까지 굴비처럼 줄로 엮여 마을 주변을 돌았어요.

중천에 오른 해가 어느새 서쪽으로 넘어가고 있었어요. 군인들은 사람들을 주막집 앞에 멈춰 세우고 서로를 엮었던 긴 밧줄을 풀어 주었지요.

새벽부터 나와 밥 한 끼 먹지 못하고 끌려다닌 아리가 지친 목소리로 엄마에게 속삭였어요.

"엄마, 군인 아저씨들이 우릴 집에 보내 주려나 봐요."

"그런 거면 참 좋을 텐데."

그때 치익 치익 하는 소리가 나더니 근처에 있던 군인 한 사람이 무전을 받았어요. 웅성거리는 사람들 소리 사이로 긴장한 군인의 목소리가 또렷하게 들렸지요.

"십 분 내 전원 총살, 십 분 내 전원 총살. 맞는지 확인 바람."

갑자기 엄마 얼굴이 하얗게 질리더니 돌을 집어 아리 손에 묶인

　새끼줄을 마구 문댔어요. 얼마 안 돼 줄이 조금 느슨해지면서 아리의 작은 손이 빠져나왔지요.
　"아리야, 엄마가 뛰라고 하면 뒤도 돌아보지 말고 산 쪽으로 뛰어야 해. 알았지?"
　"나만 뛰라고요? 이제 다 집에 가는 거 아니에요? 할머니는요?"
　"엄마랑 할머니도 금방 뒤따라갈 거야."
　엄마의 마지막 말이 자갈길을 달리는 시끄러운 트럭 소리에 묻

했어요.

　애월리 쪽에서 올라온 트럭에서 군인 몇 명이 내리자 마을 사람들을 짐짝처럼 대하던 군인들이 달려가 깍듯이 경례했어요. 바로 그때 엄마가 아리의 등을 탁 치며 뛰어, 하고 말했어요. 아리는 무작정 앞으로 달렸어요.

　"저, 저기! 여자가 도망친다!"

　밭두렁을 향해 달리던 아리가 탕, 하는 소리에 놀라 뒤를 돌아보았어요. 엄마가 앞으로 푹 고꾸라지는 게 보였지요. 도망가는 아

리를 군인들이 보지 못하게 하려고 뒤따라 뛰던 엄마가 군인의 총에 맞은 거예요.

  아리는 너무 놀라 발을 헛디디며 그 자리에 넘어졌어요. 입안에서 엄마란 말이 끝도 없이 맴돌았지만, 말이 입 밖으로 나오질 않았지요.

  요란한 총소리가 울리고 마을 사람들의 비명이 멈춘 뒤에도 아리는 한참을 움직이지 못하고 그 자리에 멍하니 있었어요.

  까악 까악.

까마귀 우는 소리에 아리가 고개를 들었어요. 어디선가 매캐한 연기가 바람을 타고 밀려와 코끝을 스쳤지요. 아리는 힘겹게 돌담을 붙잡고 일어나 마을을 바라보았어요. 마을이 온통 시뻘건 불길에 휩싸여 타들어 가고 있었어요.

"엄마, 엄마. 나 이제 어떡해요? 나 혼자 어떻게 해."

아리는 목청껏 엄마를 불렀지만 돌아오는 대답은 없었어요. 하늘에는 까마귀 떼가 빙빙 돌고 있었지요.

왜 이렇게 많은 사람이 희생됐을까?

🛜 토벌대와 무장대 양쪽의 횡포

 군인들은 무장대를 찾지도 못했는데 왜 아리네 마을을 불태웠을까?

 주민들이 무장대에 옷이나 식량을 제공하며 돕기 때문이라고 생각했기 때문이 아닐까?

 자발적으로 무장대를 도운 사람도 있었지만, 무장대가 협박을 하니 어쩔 수 없이 식량을 내놓은 주민도 많았어.

 그런 일이 있은 다음에는 어김없이 군인들이 찾아왔어. 무장대를 도왔으니 너도 폭도라며 잡아간 거지.

 어휴, 애꿎은 주민들만 이러지도 저러지도 못하는 상황이 되어 버렸네.

 마을 사람들에겐 좌익이냐, 우익이냐가 하나도 중요하지 않았을 텐데.

 토벌대는 중산간 마을 일대 주민들을 해안 마을로 강제 이주시키는 '소개령'을 내렸어.

 특히 10월 중순, 9연대장 송요찬이 해안선으로부터 5킬로미터 이상 떨어진 곳에서 발견된 사람은 누구든 총으로 쏘아 죽이겠다는 명령을 발표한 뒤, 중산간 마을에는 말 그대로 피바람이 불기 시작했어.

📶 불바다가 된 중산간 마을

 원래 '소개'는 전쟁이나 화재에 대비하려고 사람이나 시설을 분산시킨다는 뜻이래.

 하지만 이 당시 제주에서 펼쳐진 소개령은 주민들을 강제로 해안가로 이주시킨 뒤에 마을을 모두 불태워 없애려는 거였어.

 그렇다고 마을에 불을 지를 것까지는 없잖아.

 마을을 없애서 무장대가 숨거나 식량을 구할 수 없게 하려는 거였지.

105

이때 중산간 마을 곳곳이 불에 타 사라졌는데, 폐허가 된 자리왓 마을은 지금도 팽나무 한 그루만 남아서 4·3 당시의 비극을 전하고 있어.

소개령에도 불구하고 마을에 남은 주민이 많았어. 집을 두고 쉽게 떠날 수 없었겠지.

 마을 주민들은 겁에 질렸지만 설마 군인들이 마을을 진짜로 불태우겠냐는 생각도 했던 것 같아. 그래서 이장이 찾아와 해안 마을로 가라고 해도 미적거렸던 거야.

그렇게 마을에 남은 주민들은 집에서 자다가, 제사를 지내다가, 갓난아기에게 젖을 주다가 속절없이 총에 맞아 쓰러졌어.

계엄령이 선포된 제주도

엎친 데 덮친 격으로 1948년 11월, 이승만 정부가 제주도에 계엄령을 선포했어.

 계엄령이란, 전쟁이나 폭동 같은 비상사태가 일어나면 군이 일정한 지역을 통제하고 다스리는 걸 말해.

계엄령이 선포되면 군대가 막강한 권한을 갖고 국민의 기본권을 제한할 수 있지.

 당시는 계엄령 법이 만들어지기도 전이라 사람들은 계엄령이 뭔지도 몰랐대. 토벌대가 계엄령이라며 사람들을 함부로 죽이니까, 그것이 사람을 죽이는 권한이구나 생각했지.

심지어 군인들은 무장대로 변장하고 가서 마을 사람들을 속였어. 주민들이 어쩔 수 없이 식량을 내어 주면 폭도를 도왔다며 죽인 거지.

 정말 너무해.

 살아남은 사람들은 토벌대를 피해 산으로 도망쳐 크고 작은 굴 안으로 들어가 숨을 수밖에 없었어.

하지만 그 추운 겨울에 한라산에서 얼마나 버틸 수 있었을까?

📶 대학살

 애월읍 어음리에 있는 빌레못굴은 입구가 아주 좁지만, 사람 서른 명은 충분히 들어갈 수 있대. 여기가 빌레못굴 입구야.

그런데 빌레못굴에 숨어 있던 마을 사람들이 1949년 1월 말, 군인들에게 발각됐어. 군인들은 "살려줄 테니 걱정하지 마라"며 사람들을 달랬지.

 하지만 주민들이 밖으로 나오자 돌변한 군인들은 서너 살밖에 되지 않은 어린아이까지도 잔인하게 죽였대.

사람한테 어떻게 그럴 수가 있지?

 조천면 선흘리 이야기도 안타까워. 선흘리 주민들은 해안 마을로 간 사람들이 총살됐다는 소식을 듣고는 오도 가도 못 하는 상황이 됐어. 결국 마을 근처 선흘곶으로 도망쳤지.

 토벌대 추격도 끈질겼어. 주민들이 가장 많이 숨어 있던 목시물굴이 발각되자 군인들은 아기와 여자, 노인들을 함덕초등학교로 끌고 갔고, 나머지 주민은 총을 쏘아 죽인 후 시신을 불태웠어. 아래 사진이 목시물굴 입구야.

 초토화 작전이 벌어지는 동안 큰넓궤, 다랑쉬굴 등 굴속에 숨었다가 발각되어 죽은 사람은 셀 수 없을 정도로 많아.

 그런데 이때 토벌대가 빼앗은 무기는 고작 총 열두 정과 칼 열한 자루 정도였어. 이것만 봐도 죽은 사람 대부분이 무장하지 않은 민간인이었다는 걸 알 수 있지.

남달리의 역사 수첩

양심을 지킨 문형순 경찰서장

이렇게 모질고 아프던 제주에서도 희망을 준 사람이 있어요.
바로 경찰서 서장으로 근무했던 문형순이에요.

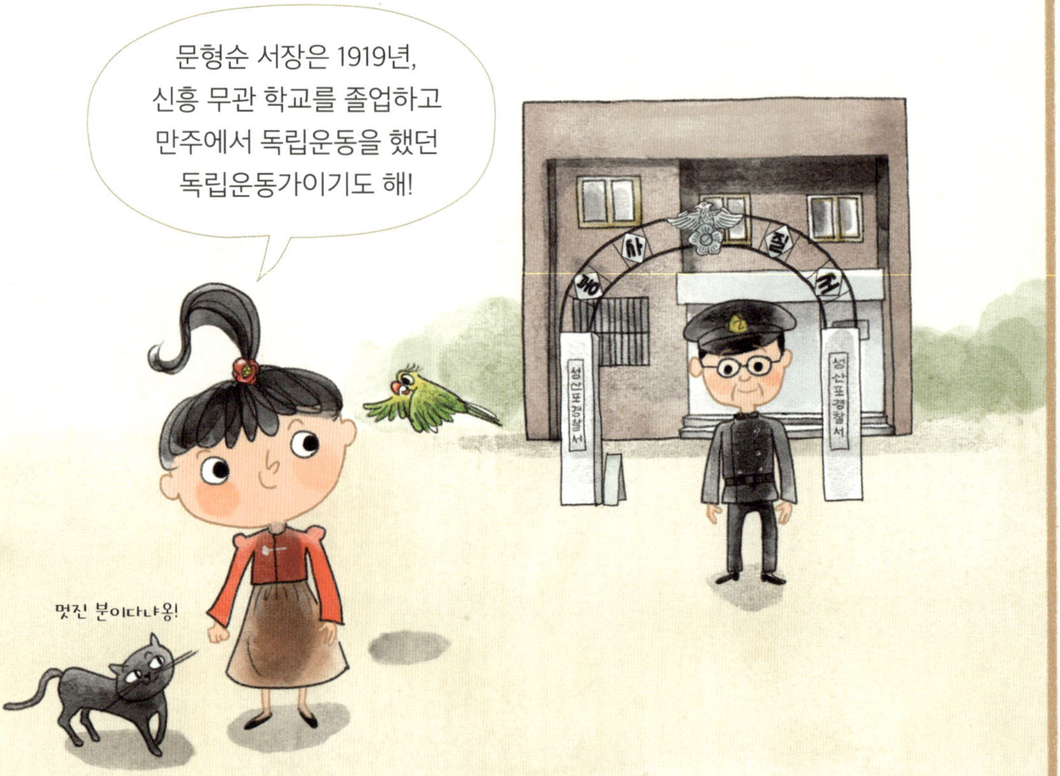

> 문형순 서장은 1919년, 신흥 무관 학교를 졸업하고 만주에서 독립운동을 했던 독립운동가이기도 해!

멋진 분이다냐옹!

1950년 6월, 한국 전쟁이 일어나자 제주에서는 예비 검속으로 청년 수백 명이 끌려가 목숨을 잃고 시신이 바다에 던져졌어요.

예비 검속이란, 범죄를 일으킬 가능성이 있는 사람들을 미리 잡아 가두는 걸 말해요.

너는 빨갱이니까, 틀림없이 죄를 지을 거야!

아니 그게 무슨 말도 안 되는 소립니까?

이때 성산포 경찰서장 문형순은 이 명령이 부당하다고 생각했어요.

짓지도 않은 죄로 총살을 당하다니, 이렇게 억울한 일이 또 어디 있을까.

그래서 예비 검속자를 모두 죽이라는 명령을 거부했어요.

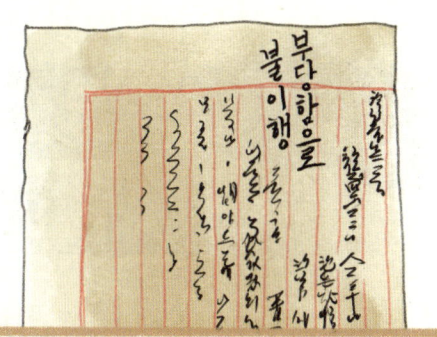

위험을 무릅쓰고 양심을 지킨 문형순 덕분에 구좌, 성산, 표선에서 이백여 명이 목숨을 건질 수 있었답니다.

잃어버린 마을

제주 4·3사건 다크 투어

중산간 지역 마을은 초토화 작전 때 대부분 불에 탔어요. 안타깝게도 제주 4·3사건이 마무리된 후에도 끝내 복구되지 못하고 영원히 사라진 마을도 많답니다.

슬프다옹!

모두 합쳐 약 열다섯 가구가 살던 원동 마을도 토벌대의 잔인한 탄압을 피할 수 없었어요. 1948년 11월 13일, 군인들은 하가리 마을 사람들을 죽인 뒤 바로 원동 마을에 나타났어요. 그들은 이곳에서도 남녀노소 가릴 것 없이 주민들을 모아 총으로 쏘았고, 마을을 모조리 불태웠지요.

원동 마을이 있던 자리

1949년 1월 5일, 군인 40여 명이 곤을동을 포위했어요. 집집마다 젊은 남자 10여 명을 끌어내 바닷가로 데리고 가 죽이고 67호나 되는 집도 모두 불태웠어요. 이런 끔찍한 일을 저지른 이유는 한 군인이 "폭도들이 우리를 습격한 뒤 곤을동으로 도망갔다"고 제보했기 때문이었다고 해요.

곤을동 마을 옛터

안덕면 중산간에 자리 잡은 동광리도 피해가 컸어요. 큰넓궤에 숨어 지내다 발각되어 정방 폭포에 끌려가 학살당한 이들, 소개령을 전달받지 못하고 마을에 머무르던 주민들이 무등이왓에서 총살당하기도 했지요.

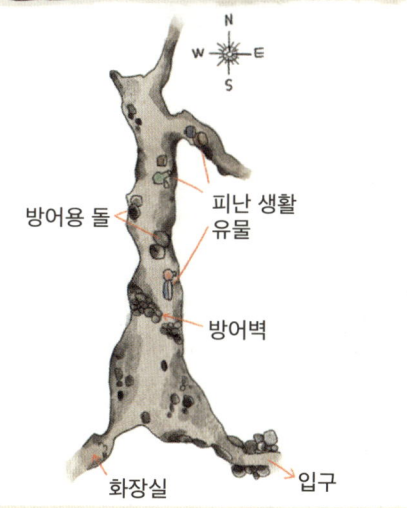

큰넓궤 입구

무등이왓 학살 터

만화로 보는 4·3 현장

죽기 전까지 50년이 넘도록 무명천으로
얼굴을 감싸고 살아야 했던 진아영 할머니.
할머니는 사람들 앞에선 절대 무명천을
풀지도 밥을 먹지도 않았다.
할머니에게 무슨 일이 있었던 걸까?

무명천 할머니

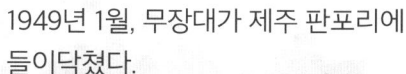

1949년 1월, 무장대가 제주 판포리에 들이닥쳤다.

집집마다 돌면서 먹을 만한 건 뭐든 쓸어 와!

예!

폭도다!

한 놈도 남기지 말고 죽여라!

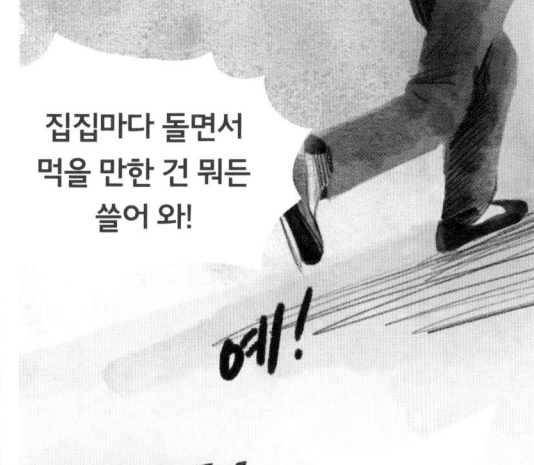

얼마 지나지 않아 경찰이 출동했다.

작은 마을은 순식간에 아수라장이 되었다.

그러던 중, 돌담 뒤에 숨어 있던 한 여인이 누군가 쏜 총에 맞았다.

타앙!

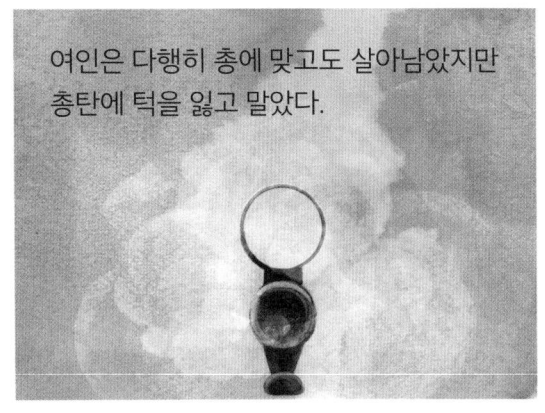

여인은 다행히 총에 맞고도 살아남았지만 총탄에 턱을 잃고 말았다.

총에 맞았는데도 무사해서 참 다행이지.

하지만 상처가 너무 깊어서 안타까워요.

소식을 듣고 하나 남은 가족, 결혼한 언니가 찾아왔다.

여긴 이제 어머니, 아버지도 없는데 나랑 같이 월령리로 가서 살자.

하지만 그녀는 턱을 잃은 뒤 남들처럼 물질하거나 농사를 지을 수도 없었다.

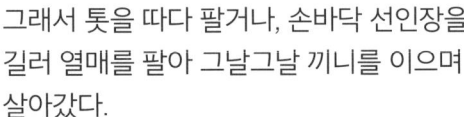

그래서 톳을 따다 팔거나, 손바닥 선인장을 길러 열매를 팔아 그날그날 끼니를 이으며 살아갔다.

음식을 씹을 수 없어 소화 불량과 영양실조에 시달렸고,

누군가 자기를 해칠 거라는 정신적인 고통에서 벗어나지 못해 방문도 늘 자물쇠로 잠그고 다녔다.

진아영 할머니는 후유 장애인이 되어 평생 힘들게 살다 2004년 세상을 떠났다. 할머니가 돌아가신 뒤, 할머니가 살던 집은 '무명천 할머니 삶터'로 보존되었다.

무명천 할머니 삶터

도민증

제주도

5장
끝나지 않은 아픔

1954년 9월, 한라산 금족령이 풀리면서 3만여 명의 목숨을 앗아 간 제주 4·3사건이 끝났어요. 하지만 제주도민의 아픔은 그 후로도 오랫동안 아물지 못했답니다.

토벌대의 멈추지 않는 탄압

1948년 12월 말, 지금까지 토벌에 앞장섰던 제9연대가 제2연대로 교체되었어요. 하지만 탄압은 멈출 줄 몰랐지요.

너무해!

언제 끝난다냥.

군인들은 해안 마을로 내려간 주민들을 불러서 조금이라도 마음에 걸리는 게 있다면 빨리 자수하라고 윽박질렀어요.

지금 자수하면 살려 준다니까! 나중에 걸리면 국물도 없어!

하지만 그것은 함정이었어요. 겁에 질린 사람들이 무장대에게 쌀 한 줌을 주었다, 옷을 한 벌 주었다며 자수하자 군인들은 청년 150여 명을 '박성내'라는 냇가로 끌고 가 모두 총으로 쏘아 죽였지요.

한편, 군부대가 교체되는 틈을 타 무장대는 마지막 공격을 준비했어요. 1949년 1월, 제2연대가 머무르는 의귀초등학교를 총공격한 거예요.

하지만 무장대는 군인들의 화력을 당해 낼 수 없었어요. 50여 명의 무장대원이 목숨을 잃었고, 그 뒤 무장대는 빠른 속도로 무너져 갔지요.

마지막 토벌과 와해된 무장대

1949년 3월, 토벌대는 무장대와 전투를 벌이는 한편, 여전히 한라산에 숨어 있던 도민들에게 "산에서 내려오면 살려 준다"고 선전하는 방송을 했어요.

이때 1만여 명에 달하는 사람들이 흰옷을 찢어 매단 백기를 들고 산에서 내려왔어요. 대부분 노인과 여자, 아이들이었지요.

하지만 주민들은 살던 곳으로 돌아가지 못하고 제주 시내에 있던 주정 공장, 서귀포에 있는 단추 공장 등에 갇힌 채 주린 배를 움켜쥐어야 했어요.

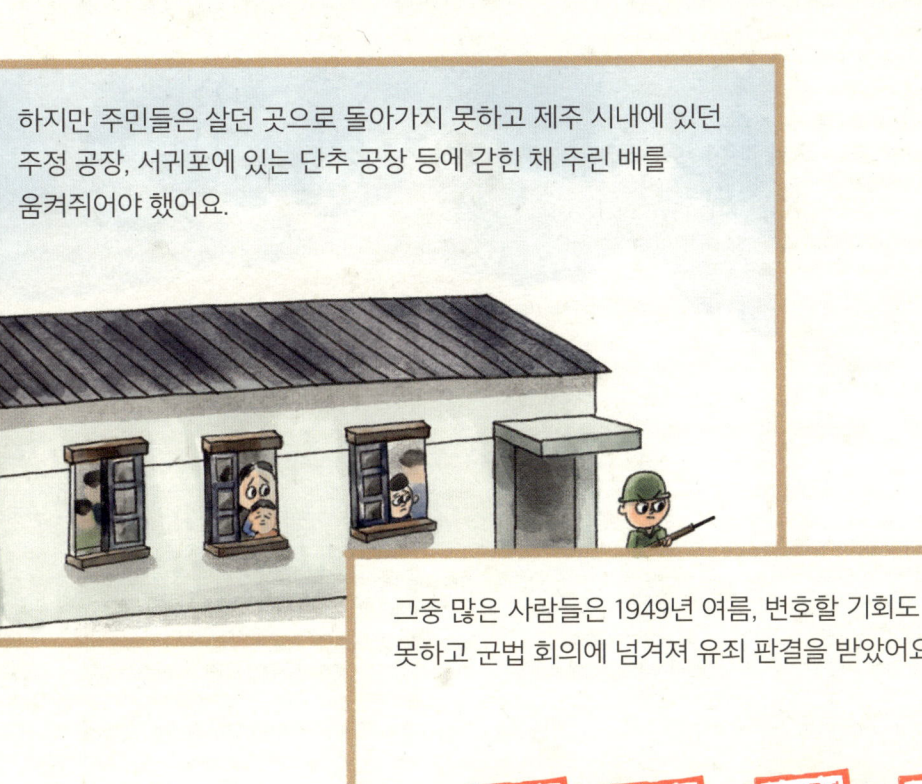

그중 많은 사람들은 1949년 여름, 변호할 기회도 얻지 못하고 군법 회의에 넘겨져 유죄 판결을 받았어요.

엉터리 판결 아니냥!

같은 해 6월, 무장대 사령관 이덕구가 끝내 경찰에게 목숨을 잃었어요. 무장대의 상징이었던 이덕구가 죽자 경찰은 그의 시신을 관덕정 옆 나무 십자가에 매달아 놓았답니다.

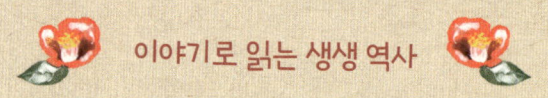

주정 공장에 갇힌 사람들

한라산의 살을 에는 추위와 굶주림에서 살아남은 사람들에게도 봄은 찾아왔어요. 군인들은 산을 오르내리며 주민들에게 그만 항복하고 산에서 내려오라는 귀순 방송을 틀어 댔지요.

새싹 트는 들판에 마소 몰면서
종달새가 부르는 봄 노래에
진달래 꺾으면서 놀았던 것도
지금은 모두 다 꿈같구나
아, 즐거웠던 그 옛날 또다시 찾아오라

벌써 며칠째 한라산에는 똑같은 노래가 들려왔어요. 진혜는 저 노래만 들으면 당장 마을로 내려가 친구들이랑 놀고 싶어졌어요. 마음이 싱숭생숭해지는 건 어른들도 마찬가지였어요.

"이제 그만 내려갑시다. 지금까지 무슨 죄를 지었든 살려 준다고 하잖아요. 언제까지 이렇게 살 순 없지 않습니까?"

진혜가 주워 온 삐라를 사람들 앞에 내밀며 아버지가 말했어요.

"우리가 죄지어서 산에 숨어 있습니까? 죄 없는 사람도 닥치는 대로 잡아가서 다 죽이고 마을에 불까지 질러 놓고는 이제 와서 살

려 준다니, 그 말을 어떻게 믿어요?"

희순이 삼촌도 지지 않고 받아쳤지요.

"희순이 자네 말도 맞다만, 순영이는 조금 있으면 출산이야. 굴 속에서 아기를 낳아 기를 순 없지 않은가. 항복하고 내려가서 해안 마을에 움집이라도 짓고 살아야지."

구장(이장) 아저씨 말에 한동안 실랑이를 벌이던 어른들이 순영 언니를 바라보았어요. 제대로 먹지 못해 퀭한 눈에 눈물이 그렁그렁 맺혀 있었지요. 마을 사람들은 내일 아침 산에서 내려가기로 하고 일찍 잠자리에 들었어요.

하얀 헝겊을 맨 나무 막대기를 든 구장 아저씨가 앞장을 섰어요. 마을 사람들은 떼거지 꼴을 하고 비틀비틀 뒤를 따랐지요. 불에 탄 마을 터가 보일 때쯤 길목을 지키던 군인들이 다가왔어요.

"임산부는 있는데, 남편이 안 보이네. 남편은 폭도들 따라간 거 아냐?"

그러자 구장 아저씨가 손사래를 치며 말했어요.

"여기 새댁 남편은 지난겨울에 병으로 죽었습니다. 저 위에 저희가 만든 돌무덤도 있습니다."

진혜는 구장 아저씨의 거짓말이 들통날까 봐 마음이 조마조마 했어요. 순영 언니 남편은 두 달 전 마을이 불타던 날 행방불명되었거든요. 다행히 군인은 더 토를 달지 않았어요. 마을 사람들은 제주항 앞에 있는 주정 공장(고구마를 원료로 에탄올을 만드는 공장)으로 보내졌어요. 공장 안 고구마 저장 창고는 다리를 펴고 앉지도 못할 정도로 여기저기서 끌려온 사람들로 가득했어요.

 산에서 내려오면 모두 용서해 준다는 약속도 지켜지지 않았어요. 경찰들은 가장 먼저 구장 아저씨를 불러내 지은 죄를 털어놓으라며 매질을 했지요. 한참 만에 돌아온 구장 아저씨는 제대로 걷지도 못했어요. 이번에는 아버지를 부르면 어쩌나, 어머니를 부르면 어쩌나, 걱정이 된 진혜는 춥고 배고파도 굴속에 있을 때가 차라리 나았다는 생각이 들었지요.

그러던 어느 날 밤, 진혜는 누군가 앓는 소리에 잠이 깼어요. 주위를 둘러보니 한쪽 구석에서 순영 언니가 쪼그리고 앉아 고통스럽게 배를 움켜쥐고 있었어요.

"엄마, 엄마! 순영 언니가 아픈 거 같아!"

진혜가 큰 소리로 깨우자 엄마가 눈을 떴어요. 엄마는 사람들 사이를 비집고 가 자꾸만 눈이 감기는 순영 언니를 흔들어 깨웠지요.

"아이고, 순영아, 정신 차려라. 정신 차려야 애기가 살지."

갑작스러운 소란에 주변에 있던 사람들도 하나둘 깼어요. 희순이 삼촌이 겉옷을 벗어 순영 언니를 가려 주는 걸 보고 진혜도 얼

른 거들었어요. 그러는 사이 아버지가 밖으로 나가더니 어디선가 뜨거운 물을 구해 왔지요.

"아이고, 이를 어째. 애기가 거꾸로 앉았구나. 순영아, 힘을 좀 내 봐라. 옳지!"

다급한 엄마의 외침에 진혜도 덩달아 간절하게 부르짖었어요.

"순영 언니, 정신 차려!"

어느 순간 언니의 비명이 그치더니 아기 울음이 터져 나왔어요.

"살았네, 살았어. 잘했다, 순영아. 정말 잘했어!"

언니와 아기 모두 살았다는 말에 진혜도, 마을 사람들도 모두 안도의 한숨을 내쉬었지요.

큰일을 치른 다음이라 그런지 경찰도 며칠 동안은 잠잠했어요. 곧 다 함께 풀려나 마을로 돌아갈 수 있지 않을까, 기대하는 마음도 조금씩 생겼어요. 하지만 그런 바람은 얼마 지나지 않아 산산조각이 나고 말았지요.

"이수향, 김원휴, 현승관, 고지훈! 호명된 사람 앞으로 나와!"

소총을 멘 군인 하나가 입구에서 사람들 이름을 불렀어요. 그중에는 고지훈, 진혜의 아버지 이름도 있었지요. 군인을 따라 밖으로 나갔던 아버지는 다행히 금세 돌아왔어요.

"진혜 아버지, 군인들이 끌고 가서 고문은 하지 않던가요?"

"때리지는 않더라고. 그런데 재판을 한 다음에 어디로 간다며

짐을 가지고 나오라던데."

"재판이요? 갑자기 무슨 재판을 한다고 그래요?"

엄마가 걱정스러운 얼굴로 다시 물었어요. 어디로 가는지도 모른 채 아빠가 군인들을 따라간다니, 진혜도 너무 불안했어요.

"질긴 게 목숨이라고 지금까지 살아남았는데 이제 와서 별일이야 있겠어? 진혜야, 엄마 말 잘 듣고 순영 언니 애기도 잘 봐주고 있어. 아빠 금방 다녀오마."

창고 밖, 추적추적 내리는 봄비를 맞으며 아버지를 포함해 남자 수십 명이 줄지어 서 있었어요. 곧이어 아버지가 있는 무리가 제주항 쪽으로 걸음을 옮겼지요. 그 모습을 바라보던 진혜의 눈에 눈물이 주르륵 흘렀어요. 진혜는 엄마를 끌어안은 채 점점 굵어지는 빗줄기에도 아랑곳하지 않고 서럽게 울었어요.

역사 상식 나누기

그 후에는 무슨 일이 있었을까?

무너진 제주 공동체

이재민이 살던 마을

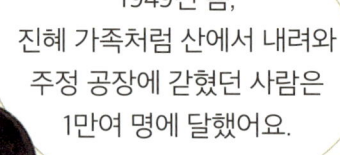
1949년 봄, 진혜 가족처럼 산에서 내려와 주정 공장에 갇혔던 사람은 1만여 명에 달했어요.

 끌려간 사람들은 어떻게 되었어요?

 많은 사람들이 군법 회의라는 이름의 엉터리 재판을 받고, 육지 형무소로 가거나 주정 공장에서 멀지 않은 정뜨르 비행장에 끌려가 총살되고 말았어요. 여름이 지나면서 끝나는 듯했던 탄압은 1950년 한국 전쟁이 일어나면서 다시 시작됐어요. 제주 4·3사건은 1954년 9월 21일, 경찰이 한라산 입산 금지 명령을 푼 뒤에야 비로소 끝이 났지요.

 그때까지 4·3사건으로 희생된 사람은 제주도 인구의 10퍼센트에 달했대요. 그중 어린이·노인·여성 등 노약자의 비율이 30퍼센트가 넘었고요.

 고향을 잃은 이재민도 많았겠어요.

 당시 이재민이 9만여 명이었는데, 사람들은 하루에 고구마 한 개 겨우 먹을 정도로 굶주림에 시달렸어요. 또 집 지을 형편이 못 되어 돼지우리처럼 만든 집에 건초를 깔고 지냈다고 해요.

 얼마나 힘들었을까요.

 평화롭던 제주 공동체는 4·3사건으로 완전히 파괴되고 말았어요.

> 제주 4·3사건은 일어나는 동안은 물론, 끝난 뒤에도 오랫동안 진실이 밝혀지지 않았어요.

진실을 밝히기 위한 노력

소설가 현기영

 왜 그렇게 오랫동안 진실이 밝혀지지 못했을까요?

 이승만 독재 정권 아래서 국가 폭력에 의해 죄 없는 도민들이 희생되었다는 이야기를 누구도 감히 꺼낼 수 없었기 때문이에요.

 유족들이 모여서 '아이고' 하며 울기만 해도 경찰에 잡혀갔대요. 1954년에 있었던 이 일은 '아이고 사건'이라고 불려요.

 와, 진짜 말도 안 된다!

 그러다 1960년 4·19혁명이 일어나고, 이승만이 대통령에서 물러나자 민주화의 분위기 속에서 제주 4·3사건 이야기가 나오기 시작했어요. 하지만 바로 다음 해, 쿠데타로 군사 정권이 들어서면서 4·3 이야기는 다시 쏙 들어가고 말았지요.

 어휴, 답답해. 그러면 도대체 언제부터 진실이 알려진 거예요?

 1978년, 마침내 침묵을 깨고 제주도 출신 소설가 현기영이 제주 4·3사건의 진실을 그린 소설 《순이 삼촌》을 발표했어요. 작가는 이 소설 때문에 끌려가서 고문까지 받았지요.

진상 규명을 위한 4·3특별법

4·3특별법 공포문에 서명하는 김대중 대통령

그러던 1987년, 6월 민주화 항쟁이 벌어지면서 마침내 제주 4·3사건에 대한 이야기도 수면 위로 올라왔어요.

 1989년에 4·3연구소가 세워져 진실을 밝히는 연구가 시작되었어요. 또 제주 지역 언론사인 제민일보가 살아남은 사람들을 일일이 찾아다니며 인터뷰한 《4·3은 말한다》를 발간했지요. 이런 노력이 모여 마침내 1999년 12월 16일, 제주 4·3사건 진상 규명 및 희생자 명예 회복에 관한 특별법(4·3특별법)이 통과되었어요.

 4·3특별법이 뭔데요?

 제주 4·3사건이 왜 일어났는지 밝히고, 억울하게 죽은 사람들의 명예를 회복시키기 위해 만든 법이에요.

 2003년에는 대한민국 정부에서 펴낸 〈4·3사건 진상 조사 보고서〉가 완성되었고, 노무현 대통령이 직접 정부의 잘못을 사과했대요.

 와! 정말 잘됐네요.

 그러게, 이제 좀 마음이 편안해졌어요. 유가족들에게 조금이라도 위로가 되었으면 좋겠어요!

 진실을 밝히기 위한 노력은 아직도 계속되고 있답니다!

평화의 상징이 된 섬 제주도!

화해와 평화로 가는 길

대한민국 정부는 2005년 제주도를 '세계 평화의 섬'으로 선포했어요.

영모원

 '세계 평화의 섬, 제주'는 4·3사건의 상처를 화해와 상생의 정신으로 승화시키고, 이를 바탕으로 세계 평화에 이바지한다는 뜻이에요. 이런 화해와 상생의 본보기라 할 수 있는 '영모원'에 대해 들어 본 적 있나요?

 영모원이요?

 영모원은 독립운동가, 전쟁에서 나라를 지키다 목숨을 잃은 군인, 제주 4·3사건 희생자의 넋을 기리기 위해 주민들이 힘을 모아 만든 위령단이에요.

 "모두가 희생자이기에 모두가 용서한다"는 비문이 정말 멋져요.

 그뿐만 아니라 2013년에는 갈등이 가장 심했던 4·3유족회와 전직 경찰 조직인 제주경우회가 화해를 선언했어요.

 그러기 쉽지 않았을 텐데, 정말 의미 있는 진전이네요.

 이제 제주 4·3사건은 아픔을 넘어, 인권을 존중하고 평화로운 사회를 만드는 길을 열어 주고 있는 것 같아요.

억울함을 벗은 무죄, 무죄, 무죄

남달리의 역사 수첩

2021년 3월 16일, 제주 지방 법원에 4·3사건 유족들이 모였어요.
'제주 4·3사건 수형인'에 대한 재심이 열렸기 때문이에요.
이들은 제주 4·3사건 때 잡혔다가, 군법 회의라는 이름으로 증거도 없이
바로 처형되거나 옥에 갇힌 억울한 사람들이었지요.

아래 수형인 명부에는 수형인들의 이름과 나이, 직업, 선고 일자, 형량 등이 기록돼 있었어요.

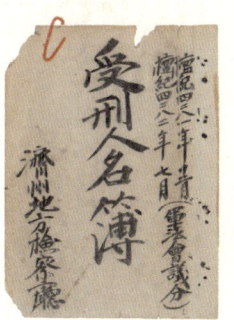

이날 법원은 행방불명된 333명을 비롯하여 4·3사건 수형인 335명 모두에게 무죄를 선고했어요.

드디어 억울함을 덜게 되었어.

해방 후 극심한 좌익과 우익의 대립으로 많은 제주도민들이 희생되었습니다. 유족들이 이제라도 그 굴레를 벗고, 평안을 찾기를 바랍니다.

70여 년 동안 짓지도 않은 죄의 멍에를 지고 살아왔던 사람들과 유족들은 비로소 활짝 웃을 수 있었지요.

만세.

이 재판을 시작으로 앞으로 더 많은 희생자가 명예를 회복하고 상처를 치유할 수 있기를 함께 응원해요.

하르방, 무죄! 할망, 무죄!

제주 4·3사건 다크 투어

4·3 평화 공원

제주시 봉개동에 있는 4·3평화 공원은 4·3사건으로 희생된 제주 도민들을 기리고 화해와 상생의 미래를 열어가기 위해 설립된 평화·인권 기념 공원이에요. 제주 4·3사건에 관해 공부한 것을 떠올리면서 평화 공원을 함께 둘러볼까요?

제주 4·3평화 기념관
기념관 안에는 제주 4·3사건의 전개 과정을 한눈에 이해할 수 있도록 꾸며진 전시관이 있어요. 4·3사건의 역사적 의미를 돌아보고 평화와 인권, 통일의 가치에 대해 생각해 보게 하는 교육의 장이지요.

위령제단
희생자들을 추모하기 위해 조성된 위령제단에서는 매년 4월 3일 정기적으로 위령제가 열려요.

귀천
귀천은 죽은 사람이 입는 옷, 수의를 통해 각각 어른 남녀, 청소년 남녀, 아기 희생자를 표현한 조형물이에요.

각명비
위령탑을 크게 둘러싸고 있는 각명비에는 4·3희생자들의 이름, 성별, 사망 당시의 나이, 사망 날짜와 장소 등이 기록되어 있어요. 각명비를 둘러보다 보면 이렇게 많은 사람이 억울하게 목숨을 잃었다는 사실을 다시 한번 느끼게 되지요.

위령탑
위령탑 주변은 제주도의 분화구 모습을 닮았어요. 연못은 피로 물든 역사를 정화한다는 뜻을, 연못 위에 있는 2인상은 가해자와 피해자로 대립하지 말고 화해와 상생으로 나아가자는 바람을 담고 있어요.

비설
조형물인 비설은 1949년 1월 6일 봉개동에서 토벌 작전이 펼쳐졌을 때 군인들을 피해 도망가던 중 총에 맞아 희생된 모녀를 기리기 위해 만든 조각이에요. 하얀 눈밭에 무릎을 꿇고 아이를 끌어안은 채 죽어 가는 어머니의 모습이 무척 인상적이지요.

많은 사람의 목숨을 앗아 간 제주 4·3사건은 평화가 얼마나 중요한지 우리에게 뼈아픈 교훈을 남겼어요. 우리의 소중한 목숨은 평화가 없다면 결코 지킬 수 없어요. 이제 우리가 다양한 폭력에 맞서 더 적극적으로 평화로운 세상을 만들어 갈 차례예요!

찾아보기

ㄱ
계엄령 91, 107
공산주의 5, 30, 31, 56, 58, 59, 81
관덕정 18, 23, 25, 34-35, 123
관음사 86-87
광복 13
국방 경비대 53-54, 83
군법 회의 123, 136
군사 정권 133
궨당 32-33
기마 경찰 23-24, 28
김구 13, 68
김달삼 54, 81
김대중 134
김익렬 54-56, 65
김일성 31, 81

ㄴ
남조선 노동당 39, 81
노무현 134

ㄷ
다크 투어 2, 34, 60, 86, 112, 138
다랑쉬굴 109
단독 선거 41, 53, 67, 69, 72, 74, 80
단추 공장 123

ㄹ
레드 아일랜드 30
로스웰 브라운 71, 82

ㅁ
만뱅듸 공동묘지 60
모스크바 3국 외상 회의 14
모슬포 39, 53, 60-61
무등이왓 113
무명천 할머니 114, 117
무장대 4, 40-41, 46-47, 52-56, 62-65, 69, 71-74, 76, 78-82, 84-86, 92-94, 97, 104-105, 107, 115, 121-123
문형순 110-111
미군정 13, 16, 18, 22, 30, 37-38, 41, 52-53, 55-57, 59, 65, 70-71, 80, 82
미·소 공동 위원회 14, 68
민주주의 민족 전선(민전) 19, 28

ㅂ
박경훈 31
박헌영 14
백조일손 묘역 60-61
백지 날인 사건 84
보리 공출 16, 19, 38
북국민학교 19, 28, 35
빌레못굴 108

ㅅ
4·19혁명 133
4·3사건 진상 조사 보고서 134
4·3연구소 134
4·3특별법 134
4·3평화 공원 138
3·1절 기념 대회 4, 18-20, 22, 28-30, 33-34, 38, 52, 55, 82

141

서북 청년회　31, 38-39, 41, 52, 59, 64, 70
섯알오름　60-61
소개령　92, 105-106, 113
송요찬　90-91, 105
수형인　136-137
순이 삼촌　133
신탁 통치　14

ㅇ

알뜨르 비행장　20, 60-61
여순 사건　83
영모원　135
예비 검속　111
오라리　54-55, 62, 64, 67
오름　40, 48-49, 60-61, 75-76, 86
왓샤　22, 41
원동 마을　112
윈스턴 처칠　14
유해진　31, 38
응원 경찰　18, 22, 29, 31, 63
의귀초등학교　121
이덕구　123
이승만　68, 79-83, 91, 107, 133
이오시프 스탈린　14
임시 정부　13-14, 68

ㅈ

자리왓 마을　89, 106
정뜨르 비행장　132
정방 폭포　113
제민 일보　134
조병옥　59
존 리드 하지　13, 41
주정 공장　123-124, 127, 132

중산간 마을　69, 89-90, 92-94, 97, 105-106, 112-113
제2차 세계 대전　13
진아영　114, 117
진지동굴　20, 60

ㅊ

초토화 작전　92, 94, 109, 112
총선거　14, 56, 67-68

ㅋ

쿠데타　133
큰넓궤　109, 113

ㅌ

토벌대　5, 69, 80, 82-83, 86, 92-94, 104-105, 107-109, 112, 120, 122

ㅍ

파업　28-31, 33, 38
평화 협상　53-56, 65
프랭클린 루스벨트　14

ㅎ

한국 민주당　59, 68
한국 전쟁　111, 132
한라산　40, 48, 54, 60, 69, 80, 86-87, 90, 108, 119, 122, 124-125, 132
현기영　133

사진 출처

국가 기록원 91쪽, 137쪽
국립민속박물관 56쪽
문경원 작가 30쪽
미국 국립문서기록관리청 28쪽, 52쪽, 54쪽, 55쪽, 57쪽, 80쪽, 82쪽

위키 미디어 31쪽, 81쪽
제주 관음사 87쪽
제주 4·3 아카이브 113쪽(곤을동 마을), 135쪽
제주 4·3연구소 35쪽
제주 4·3 평화 재단 28쪽, 132쪽, 134쪽

제주 4·3사건 다크 투어 주소

- **관덕정**(본문34쪽)
  제주특별자치도 제주시 관덕로 19

- **섯알오름**(본문60쪽)
  제주특별자치도 서귀포시 대정읍 상모리 1597-3번지 일대

- **백조일손 묘역**(본문60쪽)
  제주특별자치도 서귀포시 대정읍 상모리 586-1번지 일대

- **관음사**(본문86쪽)
  제주특별자치도 제주시 산록북로 660 (아라동)

- **한라산국립공원**(본문86쪽)
  제주특별자치도 제주시 1100로 2070-61 (해안동)

- **원동 마을 터**(본문112쪽)
  제주특별자치도 제주시 애월읍 소길리 1364번지 일대

- **곤을동 마을 옛터**(본문113쪽)
  제주특별자치도 제주시 화북 1동 4438

- **큰넓궤 입구**(본문113쪽)
  제주특별자치도 서귀포시 안덕면 동광리 산 92-3

- **무등이왓 학살 터**(본문113쪽)
  제주특별자치도 서귀포시 안덕면 동광리 230번지 일대

- **무명천 할머니 삶터**(본문117쪽)
  제주특별자치도 제주시 한림읍 월령1길 22

- **4·3평화 공원**(본문138쪽)
  제주특별자치도 제주시 명림로 430

처음 배우는
제주 4·3사건과 평화

1판 1쇄 발행일 2022년 5월 15일 **1판 2쇄 발행일** 2023년 4월 19일
글·그림 박세영 **펴낸곳** (주)도서출판 북멘토 **펴낸이** 김태완
편집주간 이은아 **편집** 김경란, 조정우 **디자인** 안상준 **마케팅** 이상현, 민지원, 염승연
출판등록 제6-800호(2006. 6. 13.) **주소** 03990 서울시 마포구 월드컵북로6길 69, IK빌딩 3층
전화 02-332-4885 **팩스** 02-6021-4885

- bookmentorbooks.co.kr
- bookmentorbooks@hanmail.net
- bookmentorbooks_ _
- bookmentorbooks

ⓒ 박세영, 2022

※ 잘못된 책은 바꾸어 드립니다.
※ 이 책은 저작권법에 따라 보호를 받는 저작물이므로 무단 전재와 무단 복제를 금합니다.
　이 책의 전부 또는 일부를 쓰려면 반드시 저작권자와 출판사의 허락을 받아야 합니다.

ISBN 978-89-6319-476-9 73910

인증 유형 공급자 적합성 확인 **제조국명** 대한민국 **사용연령** 8세 이상
KC마크는 이 제품이 공통안전기준에 적합하였음을 의미합니다.
종이에 베이거나 책 모서리에 다치지 않도록 주의하세요.